Ernst Merkinger

Mein Leben ist eine Pilgerreise

Ernst Merkinger

Mein Leben ist eine Pilgerreise

Zu Fuß nach Marrakesch

ENNSTHALER VERLAG STEYR

www.ennsthaler.at

ISBN 978-3-85068-987-8
Ernst Merkinger · Mein Leben ist eine Pilgerreise

Ennsthaler Gesellschaft m.b.H. & Co KG, 4400 Steyr, Österreich
Satz und Umschlaggestaltung: Thomas Traxl & Ennsthaler Verlag, Steyr
Alle Fotos und Titelfoto: Ernst Merkinger
Druck und Bindung: Těšínská Tiskárna, Ceský Těšín

MIX
Papier aus verantwortungsvollen Quellen
FSC® C005833

Vorwort

Diese Zeilen, die ich mir aus dem Leib getippt habe, werden für die eine oder andere Seele, die mich zu kennen glaubt, teilweise überraschend sein, denn ich werde versuchen, den wahren Ernst Merkinger auf dem Tablett zu servieren – großes ernstJETZT-Indianer-Ehrenwort!

Also die Person, die hinter Instagram steckt, die euch die vergangenen Monate über die »sozialen« Netzwerke bespaßt hat, über einen Blog versucht hat, Herz, Heiterkeit und Hirn zu verbinden – bitte nicht enttäuscht sein, aber ich habe auch eine ernste Seite, die sich in den folgenden Zeilen gewiss austoben wird wollen.

Viele Abschnitte, die Sie hier erwarten, sind eine Kombination aus autobiografischen Lebensauszügen vor meiner Pilgerkarriere und der Vorbereitungszeit, und selbstverständlich dürfen die kuriosen, berührenden Pilgergeschichten nicht fehlen, damit die Tränendrüsen nicht austrocknen.

Es erwartet Sie auch sehr Persönliches, also bitte ich Sie innigst, dass diese intimen G'schichten unter uns bleiben. – Ich zähle auf Sie! Wie Sie als treuer Follower, Freund oder fremde Seele bestimmt mitbekommen haben, habe ich ein ausgeprägtes Schamgefühl, Angst vor Menschen und vor allem vor Haters. Aber vor Ihnen habe ich ja nichts zu verbergen. Ich kann mich aus diesem Grund gerne in schriftlicher Form entblößen, wie ich es schon auf meinem Blog *ernstjetzt.com* getan habe.

Falls Ihnen meine schriftliche Entblößung nicht genug sein sollte, bitte ich Sie, einfach auf meine Instagram-Seite zu gucken und zum 9. oder 26. Juli 2017 runterzuscrollen. Nehmen Sie sich die Zeit, falls Sie mehr nackte Haut sehen wollen. Das ist kein Scherz!

Dieses Buch ist zur Entschleunigung gedacht. Also bitte die Texte mit Achtsamkeit lesen. Und bitte nicht in einem Zug auslesen, sondern höchstens im Abteil eines Zugs. Am besten, eine Tasse marokkanischen Minztee oder meinen Lieblingstee, einen

Gaba-Tee, zubereiten, sich einen gemütlichen Platz im eigenen Zuhause suchen, und dem Leseabenteuer steht nichts mehr im Weg.

Auf ein Wiedersein,
Ernst Merkinger

Die Pilgerreise vor der Pilgerreise

3. November 2017

Nun sitze ich hier in meinem Wohnzimmer, dem Hotel Miramonte in Bad Gastein, und blicke innerlich auf eine Pilgerreise zurück, die mir wie ein Traum erscheint. Das Team rund um Julia, Ike und Co. hat mir die Möglichkeit gegeben, ein paar Tage in »Bäd Gastein« zu residieren, zu reflektieren und zu resozialisieren im blau-türkis gefärbten Land. Bevor ich in die Tasten tippe, lasse ich mich auf dem Weg Richtung Alpenhaus Prossau vom Blindgang durch Nebelschwaden, von Gras kauenden Alpakas, Lichtspielchen und der Stille der Natur inspirieren.

Der Körper erinnert sich an alte Pilgertage, lebt durch das Gehen wieder auf, weil tot geglaubte Zellen wieder an das Leben zu glauben beginnen, Synapsen neue Beziehungen eingehen und eine polygame Beziehung pflegen. Der Geist geht nicht fremd und kehrt in sein ursprüngliches Haus zurück, anstatt hausieren zu gehen. Die Beziehung zu sich selbst verändert sich – aus einem ICH wird ein WIR! Und dieses Wunderwerk »Mensch« hört auf zu funktionieren, stattdessen, wie Esoteriker zu sagen pflegen, schwingt es, oder wie der griechische Philosoph Heraklit meinte: Panta rhei – Alles fließt. Und wenn alles fließt, dann entsteht keine geistige Dreckpfütze, dann kann so etwas wie Hingabe passieren und es entstehen Wörter und Sätze und wie in diesem Fall ein Buch.

Dass ich, beflügelt durch eure Unterstützung und die meines Verlegers, an diesem Buch schreiben darf und mein Leben bisher so leben durfte, ist ein Privileg, das in mir Demut einkehren lässt. Und wenn ich das Wort »Pilgerreise« verwende, dann schreibe ich über jene, die exakt am 31.12.1990 begonnen hat.

Ja, Sie haben richtig gelesen – ich wurde als braves Kind zu Silvester aus dem Leib meiner entzückenden Mutter in die Freiheit entlassen, um mit meinem Wesen mein Unwesen auf Erden zu treiben. Also bin ich bezüglich meines Horoskops ein Vogel Strauß mit Aszendent Kakadu.* – Was das genau bedeutet? Ich weiß es nicht, aber es würde mich sehr, sehr interessieren. Also, falls jemand mein Liebes- oder mein Berufsleben vorhersagen möchte, der oder die darf sich gerne bei mir melden!

Mein Leben ist eigentlich, wenn man's genau nimmt, schon vor der Geburt, also bei der Zeugung schiefgelaufen. Wie jetzt? Na ja, mein Vater nennt mich auch heute noch »gerissenes-Kondom-Kind«. – True story! Meine Eltern haben nicht gewusst, dass aus Spaß tatsächlich Ernst werden sollte.

Wie dies passieren konnte? Ich weiß es nicht.

Wie die Geburt abgelaufen ist, kann ich Ihnen, liebe Leserinnen und Leser, auch nicht detailliert erzählen, obwohl ich mittendrin im Geschehen war. Mein Fokus war damals schon voll auf die in 26 Jahren anstehende Tour vom Wiener Kutschkermarkt zu André Hellers Anima Garten in Marrakesch gerichtet – oder doch auf die entzückende Hebamme im Kreißsaal? Wie gesagt, ich kann mich nicht mehr konkret erinnern. Ich hab nur aus späteren Erzählungen gehört, dass mein Vater beinahe in Ohnmacht gefallen wäre, weil ich blau anlief und partout nicht losschreien wollte. Und so wurde aus Spaß Ernst – Ernst war wenige Sekunden alt und mein Vater binnen weniger Sekunden Jahrzehnte älter.

In meinem Heimatort Weistrach hat meine Family gebannt gewartet, was denn für ein Silvesterkind zum Vorschein kommen würde. Wieder ein Mädel oder diesmal doch ein Junge? Tja, und final hat sich eine Person besonders gefreut, dass ein Bub das Licht der Welt erblickte – mein Opa.

*Sie lachen, aber ich wurde einmal zu einem Bewerbungsgespräch eingeladen und nach meinem Aszendenten gefragt. Da der Aszendent stimmig war, wollte mich die Dame anstellen. Doch ich habe mich würdig angestellt und somit hinausgestellt, weil der Lohn so gut war, dass ich mir nicht einmal einen Monat Pilgern hätte leisten können. – It's not all about the money, aber it's all about the SelbstWERT.

Hier wird nichts vertuscht. Versprochen! Aber überprüfen Sie dies zur Sicherheit und lesen Sie am besten weiter. Sicher ist sicher!

Er, Ernst der Erste. Und weil mein Opa so stolz war, wurde entschieden, den heranwachsenden Rotzbuben nach dem Opa und nach dem Vater zu benennen – ERNST. In meiner Kindheit, aber auch noch heute, machen sich neue Bekanntschaften – allen voran die Instagram-Szene – über die Bedeutung meines Namens lustig. Als mir schleichend der Witz meines Namens bewusst wurde bzw. ich die Ernsthaftigkeit meines Namens erkannte, wurde ich stetig ernster. Ich war, wenn man so will, auf dem Weg zur »Ernstwerdung«.

Bereits beim ersten Spielchen »Ernst auf Ernst«, das mit dem Spruch »Ernst auf Ernst, was mocht da Ernst, a finster's G'sicht, und wer ois Erstes locht, kriagt a Fotzn ins G'sicht« einhergeht, habe ich zumeist mit einem Frühstart Ohrfeigen ausgeteilt, um das Spiel frühzeitig zu beenden und meinem Vornamensfrust handgreiflich Ausdruck zu verleihen. Mein Aggressionspotenzial war, laut Kindergartentante, nicht ausgeprägt genug – mit Ausnahme von diesen Situationen.

Meine Mutter hat erst, so meine ich, nach der Taufe festgestellt, dass diese Idee, mir diesen Bären bzw. Namen aufzubinden, nicht unbedingt die beste ihres Lebens war. Wohingegen mein Vater, auch wenn er es heute abstreiten würde, sich mir gegenüber einen lebenslangen, unterirdisch guten Scherz erlaubt hat. Er liebte diese Momente bei Familienfesten, das eingehende Problem:

Mum: Errrnnnssst!?

Ich (0,45 Sekunden später*): Jo?

Ernst der Zweite (1 Sekunde später*): Jo?

Ernst der Erste (5 Sekunden später*): Jooooo?

* Die Reihenfolge ist auf ihr Älterwerden bzw. auf die daraus resultierende Reaktionsgeschwindigkeit zurückzuführen.

Erst später, mit zunehmendem Alter, wo die Qualität der Wurschtigkeit immer mehr an Bedeutung gewinnt und eh schon alles wurscht ist – ein Veganer würde hier Einspruch erheben – nimmt man diese Momente einfach hin.

Wussten Sie, dass Ernst vom althochdeutschen Wort »ernust« (Streit, Kampf) kommt und demgemäß »der Entschlossene« bedeutet? Der Name Ernst gehörte vom ausgehenden 19. Jahrhundert bis in die 1910er-Jahre zu den zehn häufigsten Jungennamen. In den 1950er-Jahren begann seine Beliebtheit schnell zu sinken (Quelle: Wikipedia). Seit Ende der Sechzigerjahre ist der Name kaum noch gebräuchlich – obwohl meine Eltern in den 1990ern versucht haben, einen Trend zu setzen.

Zusammengefasst gesagt, habe ich mit meinem männlichen Rotzbuben-Dasein meinem Großvater und meinem Ex-Finanzminister aka Vater, Ernst dem Zweiten, sehr viel Freude bereitet. – Sie glauben, dass meine Namens-Traumata schon zu Ende sind? Denkste! Ich heiße in voller Länge: Ernst der Dritte Michael Merkinger. Ja, Sie haben richtig gelesen – und weitergedacht: Der Vorname meiner Mutter ist Michaela. Diese aufgestaute, nicht ausgelebte Kreativität meiner Vorfahren hat sich scheinbar auf meine Adern ausgewirkt und darauf gewartet, endlich GEHlebt zu werden.

Aufgewachsen bin ich mit meinen Eltern und meinen top zwei Lieblingsschwestern, Katharina und Magdalena, in einem Mietshaus in Weistrach. Im Erdgeschoss lebten meine Taufpatin und Impulsgeberin Karin, ihr Lebensgefährte Charly und meine Cousins Matthias und Andreas, die mir allerdings in der dritten Klasse Volksschule in Weistrach den Rücken zukehrten und in die 15 Minuten entfernte Ortschaft Kürnberg zogen. Ich kann mich heute noch erinnern, wie ich beim Abschied heimlich Tränen vergoss, weil meine Blutsbrüder, meine ziemlich besten Freunde & Cousins wegzogen.

Bis zu meinem achten Geburtstag war meine Lebenszeit geprägt von Traumata, die mein Leben nicht lebenswert machten – bis zur Aufrüstung als Ministrant. Dann hat sich alles zum Guten gewendet. In diesem Milieu habe ich nur gute Erfahrungen gesammelt. Ich habe Sinn erfahren, indem ich unserem Herrn Pfarrer immer schön zur Hand gehen hab dürfen. Er hat mich so sehr gemocht, dass ich ihm sogar den Blasiussegen geben durfte. #justkidding.

Eine meiner Tätigkeiten war eben, dem Herrn Pfarrer zur Hand zu gehen. Wenn etwas zu segnen war, dann war ich der Meister des Weihrauchfasses und hab alles mit der lieben Mesnerin organisiert. Das zählte zu meinen favorite jobs, weil ich dem Herrn Pfarrer jedes Mal heimlich nicht nur zu viel, sondern selbstverständlich auch immer den stärksten Weihrauch untergejubelt habe. Er musste sich daraufhin räuspern, und nicht nur ich, sondern, noch viel wichtiger, mein eingeweihtes Publikum (Geschwister und Cousin Sebastian) mussten kichern. Der unwissende, arme Herr Pfarrer wäre hingegen einmal fast krepiert, weil wirklich nur die stärksten Körner im Fass gelandet sind. Gottlob, er hat es überlebt.

Ein betrunkener Atheist wankt am Sonntagvormittag in die Dorfkirche. Dort wird ein Hochamt abgehalten. Der Priester schreitet mit dem Weihrauchfass durch die Gänge und segnet die Gläubigen. Da wankt der Besoffene zu ihm hin und sagt: »Entschuldigen S', Fräulein, Ihr Handtascherl brennt!«
(Ein Scherzchen aus »Witz und Humor«, einem Buch meines Großonkels Alfred Kirchmayr)

Mir scheint, als hätte ich da ein paar Facetten meines Urgroßvaters geerbt, der sich vor der Beichte mit seinem Freund abgesprochen hat, um dem Pater einen Streich zu spielen. Den beiden ist zu Ohren gekommen, dass dieser gerne »sündhafte Liebeleien« zu Gehör bekommt, woraufhin sie schlichtweg eine Geschichte erfanden. Im selben Duktus und mit derselben Wortwahl erzählten sie ihm über die Schönheit, die perfekte Größe der Brüste und das feuchte Höschen ihres Seitensprungs von vergangener Nacht. – Tja, der Pater fand dies nicht so lustig. Er teufelte bei meinem Urgroßvater aus der Beichtkabine und sprach den beiden für immer und ewig ein Beichtverbot aus.

Meine Eltern waren sehr engagiert, dass ich an Gott glaube, die »heilige« katholische Kirche, den Herrn Jesus. Aber irgendwie hat dies bei mir nicht wirklich funktioniert. Ich habe mich zum Beispiel auch nie an die Zehn Gebote gehalten bzw. halten können. Im Speziellen das erste Gebot: »Du sollst an einen Gott glauben« erschien mir als nicht möglich. Es gibt doch so viele Götter – Qualtinger, Hader oder Niavarani –, und man möge mir die Göttinnen, wie Ute Bock oder Christine Nöstlinger, nicht vergessen. Oder auch das zweite Gebot – wie sollte ich über Gott nicht herziehen können, wenn er, der Hümmivoter himself, bei der Arbeit nicht mitdenkt und diverse eigenartige Politiker in die Welt pflanzt. Da fühle ich mich gepflanzt. Das dritte Gebot ist okay, aber beim vierten sehe ich eine Mauer, die mir unüberwindbar erscheint. Bereits mit zwei Jahren machte ich dies meinem Vater klar, als er beim Windelwechseln mit einem gelben Strahl von der Zusammenarbeit meiner Harnröhre und Blase überrascht wurde.

Santiago – es ist ein Kreuz mit dem Kreuz.

Apropos Glaube

Jeder hat immer geglaubt, dass die Familie Merkinger die himmlische Familie sei, dass wir uns an die Zehn Gebote halten – was ja auch tatsächlich praktiziert wurde und der Wahrheit entsprach, wenn da eben nicht der kleine Ernst der Dritte gewesen wäre.

Wobei, jetzt muss ich mich vor mir selbst verteidigen. In den Anfängen war ich doch ein Lieber, der vom braven zum authentischen Mann heranwuchs. Authentizität beinhaltet bei mir – zum Leidwesen meiner Familie – rotzbübische, niedlich-rebellische Züge, die dem einen (primär Papa) oder der anderen (Oma) ab und an Gallensaft hochkommen ließen oder gar den Darmtrakt verknoteten.

Nicht authentisch zu sein, hat mich damals schon krank gemacht und macht mich auch heute noch krank. Es sträubt sich in mir so vieles, wenn ich versuche, anders zu sein, als ich bin. Noch heute klopft mein Körper bei meinem Geist an und erinnert mich, wenn ich unseren Spirit verrate.

Meine behütete Kindheit ist an mir vorbeigezogen und wenig ist in Erinnerung geblieben, weil eben zu behütet und zu langweilig für einen Abenteurer. Die älteste Geschichte, an die ich mich erinnern kann, fand im Kindergarten statt. Es war ein Kampf gegen Klausi L. um das Herz von Elisabeth K., gefolgt von der großen Lüge in der Volksschule, dass ich zum Zahnarzt müsse. Ich flunkerte, weil ich insgeheim lieber Fußball spielen wollte.

Auf die Frage meiner Großmutter, was ich denn einmal werden möchte, habe ich mit »Dieb!« geantwortet. Die Frage meiner Mutter, was ich denn einmal werden möchte, beantwortete ich hingegen mit »Schauspieler!«. Woraufhin sie mir erklärt hat, dass ich dann fremde Frauen küssen müsse und dies bestimmt nicht in meinem Interesse sei. Wie einleuchtend dies damals klang. Heute sehe ich mich etwas leid, Mutters Rat-SCHLAG nicht befolgt zu haben, weil ich doch so gerne Frauen küsse. – Wer sich schlussendlich beim Kindergarten-Kampf durchgesetzt hat? Das kann ich nicht mehr sagen, ich weiß nur, dass ich in der Volksschule an ihrer Seite sitzen durfte. Somit war höchstwahrscheinlich ich der strahlende Gewinner!? Wie auch immer …

Weder in den Kindergarten noch in die Volksschule bin ich gerne gegangen, wobei … gegangen schon, gewesen nicht, weil ich mich wie ein Fremdkörper gefühlt habe. Ich hing lieber an Mamas Busen, um Muttermilch zu zuzeln, und nebenbei aß ich Schnitzel mit Pommes frites.

Vier Jahre Volksschule vergingen zum Glück wie im Flug und die weiteren vier Jahre Stiftsgymnasium Seitenstetten waren vorprogrammiert. Mit zehn Jahren bin ich den Weg gegangen, den »man« als Merkinger so bestreitet. Tatsächlich war dies eine meiner schönsten Phasen, weil mir das Stift eine Stabilität im Leben gab, mich forderte und förderte, wie Mütter Knaben zu erziehen hätten.* Das war wirklich die schönste Zeit. Wirklich! Melden Sie Ihr Kind an! Heute noch!**

Ab 13 hab ich dann eine lästige Haselnussallergie gehabt, die sich später als Geschenk erwies. Wie, als Geschenk? Nachdem ich nach Mums Gaumenfreuden die ziemlich beste Mohnschnecke von einem Steyrer Bäckermeister gegessen hatte, die wahrscheinlich wie jede andere Mohnschnecke Spuren von Nüssen enthielt, wäre ich beinahe gestorben. True Story. Zum Glück hatte meine Schwester in jener Woche meines fast »Abkratzens« in ihrer Physiotherapeuten-Ausbildung den Kurs »Atemtherapie« besucht und ihr Wissen aktiv bei mir angewendet.

*Hierbei handelt es sich um bezahlte Werbung.

**Da ich mit offenen Karten spiele, möchte ich klarstellen, dass ich pro Kircheneintritt und Schüler 100 Euro Provision erhalte. Bitte geben Sie allerdings bei der Anmeldung Ihrer Kinder an, dass Sie wegen meiner glaubwürdigen Lügen hier sind.

So rettete sie mir bis zum Eintreffen des Notarztes durch das instinktive, semiprofessionelle Herumdrücken auf meinem Brustkorb das Leben, und somit habe ich ihr auch das heutige In-die-Tasten-Tippen zu verdanken. (Danke, liebe Katharina! Gott schütze dich, mein Kind!)

Aufgrund jenes Vorfalls und anderer Kurzbesuche im Krankenhaus wurde ich von der lieben Frau Doktor bei der Musterung für das Bundesheer für untauglich erklärt. Ja, Sie haben richtig gelesen. Der Mann, der über 3000 Kilometer in den Süden marschiert ist, wurde für untauglich erklärt. – Warum nochmals? Ach ja, wegen einer Haselnussallergie! Aber gut, mir soll's recht sein.

Ja, ich mochte trotz Haselnussallergie meine Unterstufenzeit. Eine Zeit, die ich, trotz der ständigen Vergleiche mit meinen Schwestern seitens der Lehrer, sehr genoss, weil ich in meiner Klasse und bei meinen Mitschülern Ansehen hatte, was in der Volksschule nicht der Fall gewesen war.

Gute bis sehr gute Noten waren für meine Eltern wichtig, weil sie dies von meinen Schwestern gewohnt waren. Und meinem damaligen Finanzminister bzw. meiner Sozialministerin wollte ich keineswegs mit einer Revolution begegnen. – Noch nicht! Drei »gute Erfolge« in den Zeugnissen der Unterstufe waren das Resultat. Das war aber immer noch schlechter als jenes meiner Geschwister, die stets einen »sehr guten Erfolg« vorweisen konnten.

In der vierten Klasse bin ich ausgezeichnet in das erste Semester gestartet. Im zweiten habe ich stark nachgelassen, da meine Motivation, an dieser Schule zu bleiben, flöten ging. Die Lehrer beklagten sich bei meinen Eltern über meine ungewöhnlich schwachen Leistungen und meine nicht vorhandene Disziplin. Mahnungen im Wahlpflichtfach Italienisch (welche Wahl?) habe ich vor Mama und Papa nicht lange verbergen können, obwohl mich eigentlich gar keine Schuld traf.

Die eigentliche Schuld lag am beginnenden Interesse an der Frauenwelt beziehungsweise am Interesse der Frauenwelt am Jüngling mit dem leichten Flaum und den kleinen, ribiselähnlichen Pickeln im Gesicht. Aber natürlich auch daran, dass ich zu meiner damaligen Freude die Aufnahmeprüfung am Borg Linz erfolgreich absolvierte und somit die Zusage bekam.

Der Wunsch, das Stiftsgymnasium Seitenstetten zu verlassen, sorgte bei einigen Lehrern an meiner alten Schule für Unverständnis. Mein Lateinlehrer kommentierte dies so: »Dass ein Merkinger uns verlässt, überrascht mich sehr.« Er sagte diesen Satz in einem Ton, der mir das Gefühl gab, die Unterstufe des Gymnasiums als ein Versager zu verlassen.

Und dann, dann bin ich aus dem Stift ausgetreten und in eine andere Schule eingetreten, und die war furchtbar. Wirklich furchtbar. So furchtbar, dass ich den Namen der Schule gar nicht nochmals erwähnen möchte. Lehrer und Schüler hatten in der Vergangenheit Fächer der Herzensbildung geschwänzt. Dies war damals schon ein Grund, den Spirit von Helmut Qualtinger und André Heller in die Klasse mitzunehmen und die Melodie des Lieds »Bei mir sad's olle im Orsch daham« vor sich hinzupfeifen.*

Ganz nach dem Motto »Wie du mir, so ich dir«, war meine Englischlehrerin bei mir und ich bei ihr ebenso »im Orsch daham«. Sie war in meinem Verständnis quasi die Hauptfrau der »Oberorsch-Warzen«. Es hat nur Noten von Befriedigend bis Nicht genügend gegeben. Und ich war meist einer derjenigen, die den Notendurchschnitt überdurchschnittlich schlecht hielten. Ich war im Ermessen dieser »Funsen« so schlecht, dass ich in der sechsten Klasse meine Ass-Karte zog, aber dank einer Klausel aufstieg. Wie Sie, liebe Leserinnen und Leser, herauslesen können, war die Dame zugleich eine gute und eine schlechte Lehrerin für mich.

* Okay, das war schon wieder eine Lüge. Mit 14 Jahren konnte ich mit André Hellers Sprachakrobatik und Helmut Qualtingers Humor noch nichts anfangen. Dieser Kontrast hat mich eines gelehrt: Verständnis und Mitgefühl für mein Gegenüber zu entwickeln, insbesondere für sogenannte »Außenseiter«.

In der Unterstufe war ich einer der Heros des Stifts Seitenstetten und in der Oberstufe nicht einer der Zeros, aber auch einer der Nicht-Heros. Autoritäten waren mir meist zuwider, vor allem wenn sie glaubten, mich mit schlechten Noten beurteilen zu müssen. Deswegen habe ich die Schule so sehr gemocht wie einen Apfel.*

Meine Englischlehrerin hat das UNTER-richten zu wörtlich genommen und uns »geprägt«, um es milde auszudrücken. Meine Schulkollegen und ich denken heute noch an sie, ich speziell, wenn ich mich etwa beim Englischsprechen verhasple oder ins Stottern gerate oder wenn ich einen Pfosten sehe. Auch eine Leistung! Chapeau, Frau Lehrer!

Ich darf aber auch schmunzelnd zurückdenken, zum Beispiel an meinen Musiklehrer, der mir »nur« ein »Gut« im Fach Betragen verabreicht hat. Mit der Begründung: »Als Schüler wärst du wahrscheinlich mein bester Freund, aber als Lehrer hass i di.« Ich habe ihm hingegen damals meine »Liebe« gestanden. Er war und ist noch immer ein hervorragender Musiklehrer und darüber hinaus ein Witzlandschaftspfleger, Sprachjongleur, Melancholiker – einfach ein genialer Künstler, der von Gottes Händen für die Bühne gemeißelt wurde.

Mich persönlich hat die Schule des Lebens stets mehr interessiert als der Unterricht des Am-Sessel-Klebens. Das Muss, etwas lernen zu sollen, war zu viel verlangt. Deswegen habe ich zu Hause lieber genügsam ein Genügend serviert, dafür aber umso mehr von den Erfahrungen meiner Tante Karin, meines Großonkels Fred oder meiner Großväter aufgesaugt. Sie boten mir jedes Mal »Überrichtseinheiten« in Liebe und Mitgefühl an.

* Ich leide übrigens an einer Kreuzallergie, ergo reagiere ich auf Äpfel und Haselnüsse allergisch. Dies möchte ich nur ergänzend erwähnen, falls Sie mich mal auf einen Apfel-Nuss-Strudel einladen wollten.

Gastein. – Am allervernünftigsten ist es, nicht allzu vernünftig sein zu wollen. (Viktor Frankl)

Islandpferdehof Gut Pöllndorf betreibt, als Hofarbeiter anstellte. Ausmisten der Stallungen war meine Haupttätigkeit. Ich mochte das meditative Entfernen der Pferdeknödel, das ich stets mit dem meditativen Schneeschaufeln verglich. Ja, ich gab mich dieser Arbeit hin.

Nach jenen körperlich fordernden Arbeitsmonaten konnte ich endlich das Flugticket zu meiner Tante nach Hawaii finanzieren. Um mir das Leben dort leisten zu können und meiner Tante Claudia und Joel nicht auf die Pelle zu gehen, arbeitete ich auf einer Farm. Ich säte Yacon-Samen, erntete Papayas und packte allgemein fleißig an, um als Gegenleistung am Hof übernachten zu können und Geerntetes essen zu dürfen. Es wurde gemunkelt, dass bei Überstunden feinstes hawaiianisches Gras ausgeteilt wurde. Da sich der Drang nach Drogen in meinem Leben generell in Grenzen hielt, machte ich nie Überstunden, sondern verbrachte meine Freizeit lieber auf meine Art und Weise.

Hawaii ist das Paradies auf Erden, und auch wenn ich nicht in einem Palast, sondern in einem Einmannzelt schlief, genoss ich die Zeit sehr. Es war ein einfaches und deswegen wahrscheinlich auch ein gutes Leben. Den Großteil der Freizeit verbrachte ich mit Tante Claudia und Onkel Joel, ob im Meer schwimmend oder am Esstisch sitzend oder über wichtige Fragen des Lebens philosophierend – es war Quality Time auf höchstem Niveau.

Eine amüsante Anekdote möchte und darf ich Ihnen nicht vorenthalten. Am sogenannten Little Beach hat sich eine köstliche Geschichte ergeben. Ein paar Freundinnen und Freunde, die ich auf Hawaii kennengelernt hatte, haben mit mir am Little Beach hard gechillt. Die einen kiffend, die anderen meditierend und ich mit dem Finger in der Nase nach Störenfrieden suchend. Der Strand war natürlich ein FKK-Strand. Weil ich ja, wie bereits im Vorwort des Buches erwähnt, nichts zu verbergen habe. Dieser Spot war ein HOTspot, wo sich die Schwulenszene gerne traf. Ein Faktum, dessen ich mir nicht bewusst war. Wir legten uns gemütlich an den Beach, ließen uns die Sonne auf unsere Körper und die »Könnten gern a bisserl länger sein«-Genitalien scheinen. Währenddessen legte sich ein Mann mit rosarot lackierten Nägeln neben mich und kratzte sich immer wieder an seinem buschigen Steckerl, der nach Fisch roch. Er kratzte sich quasi an seinem Steckerlfisch. Ich dachte mir nichts dabei und ging ins Wasser, während ich mit meinem Body surfen übte – also Bodysurfing versuchte. Mein Freund kam in der Zwischenzeit ins Gespräch mit meinem Steckerlfisch-Nachbarn.

S: »Is your friend gay? 'Cause he is really sexy.«

F (Mein Freund dachte sich): »Ok! The show is on! Haha. Jetzt machen wir uns eine Gaudi!« (und antwortete ihm): »Ernst is open for everything. He has a girlfriend in Austria, but at the moment he's an experiencer. He likes adventures.«

Als ich Naivling unschuldig, gleichgeschlechtlich-jungfräulich und erfrischt vom Meer zu meiner blauen Wolldecke zurückkehrte, wurde ich von meinem Schwarm richtig, richtig schlecht angebraten.

S: »Where do you come from?«

Ich: »Austria!«

S: »Oh, really? I would love to be in Austria one day. What are you doing back home? Working? Studying?«

Ich: »We'll see what I will do when I'm back.«

S: »You should start modeling.«

Ich: »Oh, should I?«

S: »I think you have potential.«

Ich: »You think so?«

S: »'Cause you're looking like Brad Pitt.«

Ich: »Ok.«

S: »I have to tell you something …«

Ich: »Hm?«

S: »You have beautiful eyes and a beautiful ... penis.«

Ich: »Oh ... ähm ... thank you?! I ... ähm ... really ... ähm ... appreciate.«

Daraufhin ist es mir doch wieder ein wenig zu heiß geworden und so habe ich erneut die Wellen geritten. Mein »Freund«, der Steckerlfisch-Nachbar, ist ins Wasser nachgekommen und hat mit seinem Steckerlfisch »unabsichtlich« meinen Oberschenkel berührt.

Das war dann doch zu viel des Guten und ich bin mit meinen Leuten früher als geplant zum Parkplatz geflüchtet. Beim ausgeliehenen Camaro Cabrio (Baujahr 1986) meiner Tante musste ich feststellen, dass jemand versucht hatte, die Tür aufzuknacken, er hat einen hübschen Schaden hinterlassen.

Trotz dieses speziellen Vormittags haben wir uns nicht unterkriegen lassen und sind weitergefahren zur Shark Bay – zur Hai-Bucht. Das Problem war, dass der Weg zur Bucht so holprig wie die Hausbergkante und so steil wie die Mausefalle der Hahnenkamm-Strecke in Kitzbühel war, sodass ich wieder verkehrt zurückfahren musste und dann auch noch ein wild herumlaufendes Hendl überfahren habe. Trotz oder gerade wegen dieses Vollholler*-Moments (* © Christian Kern) ließen wir das Auto vorerst mal stehen, gingen hinunter zur Hai-Bucht und wurden – ohne Übertreibung – von mindestens fünfzig Delfinen, die nah am Ufer ihre akrobatischen Fähigkeiten zum Besten gaben, feierlich begrüßt. In jenem Moment war alles Vorherige nichtig.

Wir zögerten, ins Wasser zu gehen, weil es sich ja um die Shark Bay handelte, und staunten vom Ufer aus über die Überraschungen des Lebens und wie schnell Wunder Wunden vergessen machen können.

Am Abend, als ich Tante Claudia und Onkel Joel reumütig den Schaden am Auto zeigte, war Joel natürlich verärgert über das dreiste Verhalten eines »Menschengfrasts«. Gleichermaßen war er auch schnell wieder relaxt und brachte die Beschädigungen mit seinem Nachbarn Sydney in Ordnung.

Anschließend habe ich noch mit meiner damaligen Freundin geskypt und ihr vorgeworfen, dass sie meinem Penis nie solch ein Kompliment ausgesprochen hatte. Vielleicht, meinte ich, sollte ich doch das Ufer wechseln. Tja, und wie Sie sich vorstellen können, war dies der Running Gag meiner Tante Claudia bis zur Abreise, und er ist es auch heute noch.

Gut, jetzt kennen Sie diese Hard Facts auch, nämlich dass ich beautiful eyes und einen wunderschönen Penis habe. Sie mögen es mir verzeihen, dass Sie bis dato nur meine beautiful eyes zu Gesicht bekommen haben.

Back to Reality

Wieder in der Heimat angekommen, wurde ich von der mir geliebten Person nicht eben feierlich begrüßt. Ich hätte es mir so sehnlichst gewünscht. Durch den dreimonatigen Aufenthalt auf Hawaii ging meine erste ernstzunehmende Beziehung in die Brüche – die Liebe war sichtlich nicht stark genug gewesen. Nach einigen On-Offs gab ich der Beziehung durch ein »Gschmusi« den Gnadenstoß. Eine Tat, die ich definitiv in die Kategorie »Big Mistake« einordne. Aber keine Angst, liebe Leserinnen und Leser, das Universum hat dies wieder ausgeglichen, und so wurde ich vom Täter zum Opfer.

Nachdem Gras darüber gewachsen war, habe ich mich einige Jahre später mit jeder meiner vier Ex-Freundinnen getroffen, um die leidenschaftlichen Tage Revue passieren zu lassen und freundschaftlichen Frieden zu schließen. Diese Treffen waren mir wichtig, weil zumeist ein Tortenstück, aber nicht die gesamte Beziehungstorte faulig gewesen war und es deswegen keinen großen Grund gab, in Zwietracht auseinanderzugehen oder sich überhaupt zu trennen. Aber damals war ich noch nicht so weit mit meinem Bewusstsein, um zu erkennen, welch liebenswerte Partnerinnen ich hatte.

Während und nach meiner Hawaii-Reise nahm ich mir entschlossen vor, Sportwissenschaften zu studieren. Da meine Aufnahmeprüfung an der Sportuniversität Innsbruck allerdings wegen zwei Sublimits (Hochsprung, 1,50 m, und Koordination/Tanz) misslang, wurde Plan B herangezogen und ich meldete mich als Masseur-Anwärter am AZW in Innsbruck an.

»Nachdem es immer schon einer seiner größten Träume gewesen war, reich zu heiraten, sah er mit der Massageausbildung eine große Chance, ihn sich durch diese Special Skills zu erfüllen.« Das werden Sie sich vermutlich gerade zusammengedichtet haben. Falsch!

Stattdessen war mein Ziel ganz klar: diese Ausbildung als vernünftige Einnahmequelle für mein später angedachtes Studium zu nutzen – nein, nicht in einem Thai Massage-Studio mit »Happy-

End-Garantie«, sondern in einem der Wiener Krankenhäuser bzw. in meiner kleinen, aber feinen WG. Allerdings warteten sechs Monate Theorie und sechs Monate Praxis auf mich, und bereits nach fünf Monaten war die Leidenschaft verschwunden, sie war quasi auf Langzeiturlaub, und ist seither nicht mehr zurückgekommen. Nichtsdestotrotz absolvierte ich für weitere zwei Monate im Krankenhaus Steyr meine Praxis-Pflicht.

Ein Grund für den damaligen Motivationsabfall war das »Fließband-Massieren« im 10-Minuten-Takt, aber auch eine neu entfachte Fernbeziehung und die soziale Start-up-Idee »Project Butterfly«, bei dem zwei Freunde und ich die Schmetterlingskinder Österreichs karitativ unterstützen wollten. Ja, wollten! Da jedoch dieses soziale Projekt wirtschaftlich nicht rentabel war, mussten wir es frühzeitig abdrehen.

Die Ära Massage und das »Project Butterfly« waren passé, weil ich auch innerlich nicht mehr wollte und meine Lektionen gelernt hatte.

Das nächste Projekt stand an: Studieren an der Universität Wien, genauer gesagt Sport und Psychologie/Philosophie. Ich bestand die STEOP für das Psychologie/Philosophie-Studium und auch die Sport-Aufnahmeprüfung mit Bravour und studierte dann vor mich hin. Ich war ein durchschnittlicher Student. Lernte für die Prüfungen das Mindeste, nicht mehr und nicht weniger, und feierte abseits des Streber-Geschehens überdurchschnittlich viel. Die Zeit als Student stimmte mich keineswegs zufrieden. Ganz im Gegenteil. Obendrein ging meine zweite Beziehung in die Brüche, was die Gesamtsituation nicht erleichterte. Trotzdem feierte ich weiterhin ausgiebig und lebte ein intensives Leben.

Bis zu jenem Morgen, als ich nach einer langen Partynacht mit einem Tinnitus aufwachte. Meine Freunde wachten ebenso mit diesem Geräusch im Kopf auf, doch bei ihnen schlich es sich wieder – bei mir hingegen nicht. Der hohe Ton in meinen Ohren sorgte für absolute Überforderung. Mein Umfeld meinte, der Dauerton würde bestimmt wieder weichen, und ich vertraute ihnen. Doch er verschwand nicht, stattdessen wurde der Kerl immer schlimmer.

Der Zweifel an mir selbst wuchs parallel dazu. Ich dachte intensiv über den Sinn des Lebens und den Grund meines Daseins nach. Der einzige Entschluss, den ich treffen konnte, war, dass es so nicht weitergehen konnte. Ich ging zum HNO-Arzt, der mir sagte, dass er mir nicht helfen könne und der Tinnitus mein künftiger Wegbegleiter sein werde. Mit dieser Antwort gab ich mich nicht zufrieden. Ich lieh mir Dadas Ohropax aus – seine unbenützten, nicht seine gebrauchten –, steckte sie mir in die Ohren, hockte mich hin und konzentrierte mich auf den Tinnitus, um herauszufinden, was er mir denn sozusagen zuflüstern wollte. Ich hatte das Gefühl, dass es einen Grund gab, warum ich ihn erdulden musste.

Eine Stunde lang meditierte ich, blickte dem Pfundskerl quasi direkt in die Augen und fand für mich heraus, dass die Zeit reif geworden war, auf mich zu hören – auf meinen Körper, meinen Geist und vor allem meine Seele. Ein einschneidender Schlüsselmoment in meinem Leben.

Der Tinnitus öffnete ein großes Tor zu meiner Seele. Ernst der Partystürmer war passé. Ich änderte meinen Lebensstil komplett von einer Nacht auf die andere. In jenem Jahr konnte man meine Disco- und Partybesuche an einer Hand abzählen. Meine Freunde hießen diese Tatsache keineswegs gut, sie zeigten größtenteils Unverständnis. Von heute auf morgen vom Partykönig zum Ernst des Lebens. Rückblickend war diese Phase ein wichtiger Prozess, der mich Selbstcourage, Selbsttreue und Selbstvertrauen lehrte.

Sie werden sich fragen, wie und wann ich überhaupt aufs Meditieren kam. Ich hatte mit 13 einen schweren Skiunfall, der mein System auf den Kopf stellte. Migräneanfälle, Allergien und Schwindel waren die Folge. Auf Expertise meiner Tante Karin, die Physiotherapeutin ist, habe ich zu meditieren begonnen, um Körper, Geist und Seele in Balance zu bringen.

Meine »innere Gesundheitsministerin« hat dies als stimmig empfunden und so habe ich ab und an im Zug, in der Straßenbahn, auf der Toilette oder im Bett meditiert. Durch das Praktizieren bin ich mir selbst mehr auf den Grund gegangen, sodass mir mit 13 Jahren der Wunsch durch den Kopf schoss, einmal in meinem Leben mit buddhistischen Mönchen im Kloster zu meditieren. Warum und wie ich auf diesen Gedanken gekommen bin, kann ich nicht sagen, jedenfalls habe ich mir im Jänner 2011 diesen Herzenswunsch erfüllt.

Intensives Sitzen, fünf Tage lang. Insgesamt hockten wir im schönsten Zendo Österreichs dreißig Stunden. Hoch oben auf der Alm in Puregg am Hochkönig befindet sich dieser ehemalige Kuhstall, der zu einem Ort der Stille wurde und zum interreligiösen Dialog einlädt. Der Benediktinermönch Bruder David Steindl-Rast und sein buddhistischer Freund und Wegbegleiter Vanja Palmers gründeten 1989 diese Begegnungsstätte.

Der über 90 Jahre alte Benediktinermönch strahlt eine heitere Gelassenheit aus, die man in der Nähe des Glücks ansiedeln könnte. Als einer der ersten Benediktiner wurde er nach dem Zweiten Vatikanischen Konzil von seinem Abt beauftragt, sich mit dem interreligiösen Dialog zwischen Buddhismus und Christentum zu befassen. Er hat mich mit seinem Wesen dazu inspiriert, mein Leben mit Dankbarkeit und Kontemplation zu vertiefen.

Nachdem mir der Tinnitus aufgezeigt hatte, dass es Zeit wurde, aufzubrechen und auf mich selbst zu hören, habe ich das Studium geschmissen. Und wie es der Zufall so wollte, hat mir die damalige Prokuristin und spätere Chefin des Haager Theatersommers angeboten, doch als Regiehospitant mitzuarbeiten. Der Verdienst war so »gut«, dass ich mir vielleicht, wenn überhaupt, 150 Wurstemmeln, allerdings ohne Gurkerln, kaufen konnte. Dieses armselige Faktum war mir zu diesem Zeitpunkt allerdings Sternschnuppe. Ich gab alles. Jeden einzelnen Tag gab ich alles. Es bereitete mir so viel Freude, dass es sich nicht wie »Hackeln«, sondern wie eine Berufung anfühlte. Und diese Hingabe hat sich dann auch noch überraschenderweise finanziell ausgezahlt. Susi Weber, Johannes Gabl, Franziska Hackl, Andreas Patton, mein Lieblingschef Gregor Bloéb und andere haben mich vor der Premiere des »Zerbrochnen Krugs« nicht nur mit einem Teil ihrer Gage beschenkt, sondern obendrein auch noch mit rührenden Worten.

Die beschwörenden Worte von Susi Weber haben mich so ergriffen wie kein anderes Schlüsselerlebnis zuvor in meinem Leben. Ich kann mich an ihre Rede nicht mehr genau erinnern, weil meine Augen zu schwitzen begonnen haben und ich versucht habe, das Wasser mit einem Staudamm aufzuhalten. Als mir die Kollegen dann auch noch einen Teil ihrer Gage überreichten, war der Damm endgültig gebrochen und es sprudelte aus meiner Tränenquelle. Die Schauspieler freuten sich sichtlich mit mir und umarmten mich. Dann kam auch noch Theaterdirektor Gottfried Schwaiger auf mich zu und fragte, ob's denn in meinem Sinne sei, noch einen Monat länger mitzuwirken – zu einem überdurchschnittlich guten Lohn. Selbstverständlich nahm ich diesen Deal dankend an.

An diesem Abend habe ich erkannt und mir geschworen, auch in Zukunft nicht des Geldes wegen, sondern meiner Selbst wegen für Unternehmen zu arbeiten. Passion first. Money second.

Die Zeilen von Gregor Bloéb in meinem Empfehlungsschreiben:

»Ernst war uns nicht nur eine große Hilfe, sondern durch seinen Fleiß und seine Zuverlässigkeit eine echte Stütze in unserem ›Theaterbetrieb‹. Abgesehen davon, dass wir uns immer absolut auf ihn verlassen konnten, denkt und agiert er selbstständig, ist sehr aufmerksam und hat – und das ist vielleicht das Wichtigste – ein großes Herz. Er ist ehrlich und ›grad‹. Ich werde seinen Weg mit Neugier verfolgen und freu mich auf weitere Zusammenarbeiten in Zukunft.«

Gregor Bloéb, Intendant Theatersommer Haag

Darauf aufbauend habe ich die Möglichkeit bekommen, im Landestheater Niederösterreich in St. Pölten mit Babett Arens (Stück »Die Liebenden der Untergrundbahn«) zu arbeiten, aber auch ein Jahr danach beim Stück »Jägerstätter« in Haag (Theatersommer) und im Theater in der Josefstadt in Wien mitzuwirken. Wenn man sich mit Theaterstücken intensiv auseinandersetzt, dann tut das mit einem etwas. Und das preisgekrönte Stück »Jägerstätter« hat definitiv auch einen Teil des Jägerstätters in mir aus den verstaubten Löchern gelotst und so etwas wie Courage und Herzenstreue initiiert.

Auch meine Sprache hat sich verfeinert – der Mostviertler Jargon wurde um Kleist'sche Wörter erweitert, die mir meine Innenwelt begrifflich begreiflicher gemacht und meinen Ausdruck – redegewandtere Kommunikation mit der Außenwelt – optimiert haben.

Apropos Sprache: Wenn Sie meinen Familienstamm genauer analysieren würden, bräuchten Sie nur zwei Generationen zurückgehen und erkennen just, dass der sprachliche Witzbold nicht weit vom Stamm fällt. Ich kann mich glücklich schätzen, dass ich in meiner Familie einige weibliche und männliche »Sprachjongleure und Witzbolde« hatte und habe, deren seelenlandschaftliche Gärten mit meinen deckungsgleich sind, und bei meinem Großonkel Alfred Kirchmayr und mir ist's diesbezüglich ja fast identisch. Der Bruder meines Großvaters mütterlicherseits ist nicht nur Doktor der Theologie, sondern auch Doktor der Psychologie und Soziologie und, wie mir scheint, auch Doktor des Humors bzw. wie er selbst meint, Witzlandschaftspfleger.

Er lebt ein Leben der »Ernstheiterkeit« – täglich begegnet er als Psychoanalytiker dem Ernst des Lebens und versucht Heiterkeit mit Witz und Humor ins Spiel zu bringen, damit die »Strahlen des Lichts« dem Grauen einen Schrecken einjagen und es schwindet.

Sein Satz, dass im Humor Ernst und im Ernst Humor verborgen stecke, hat mir einiges bis dato Verborgene zum Vorschein gebracht. Er ist einer meiner familiären Inspiratoren, die mir durch Taten vorgelebt haben, aber mich auch in schriftlicher Form gelehrt haben, stets mit Humor und Heiterkeit dem Tiefnebel entgegenzuwirken.

Sie müssen wissen, der gute Fred war in seiner Unterstufenzeit Legastheniker – so manche Deutschschularbeit waren deswegen roter als so mancher SPÖ-Politiker. Also hat mein Großonkel tatsächlich freiwillig entschieden, jedes einzelne Wort aus dem Duden zehn Mal abzuschreiben. Ich wiederhole: Jedes einzelne Wort zehn Mal!

Eine solche Idee kann wirklich nur aus der innigsten Liebe zum Schreiben entstehen. Und diese Hingabe hat sich bis heute fortgesetzt, sodass er mehrere Publikationen und sogar einen Bestseller vorweisen kann.

Tja, das würde ich auch durchaus gerne einmal von mir behaupten können. Ich bin schon froh, wenn überhaupt hundert Leute mein Buch lesen werden. Aber gut, zuerst gilt es mal, diesen Schmöker hier fertig zu schreiben, ich bin ja gerade mal am Anfang. Wie auch immer.

So, jetzt habe ich den Faden verloren. Wo bin ich nochmals schriftlich stehen geblieben? Ach ja, mein beruflicher Werdegang! Sie müssen wissen, dass ich nicht alle Jobs, die ich ausgeübt habe, detailgetreu aufzähle. Und Sie müssen wissen, dass ich sehr eitel bin, Ihnen aber die Geheimnisse verrate, dass ich einst sogar Promotion-Jobs machte und Gratis-Katzenfutter ausgeteilt habe oder im »Goldenen Kreuz« als Portier arbeitete und durch die Unterforderung überfordert war bzw. durch »Unterschöpfung« höchst erschöpft war. Dann habe ich mich tatsächlich noch als Fluglotse in Hamburg beworben und auch immer wieder in der Weinkellerei Kirchmayr mitgeholfen.

Meine kreative Seelenlandschaft hat mich schließlich in Form von Halsweh, Kopfweh oder Fieber immer wieder daran erinnert, gefälligst den meinem Wesen entsprechenden Weg zu gehen. Und da ich kaum Alkohol trinke und nur alle heiligen Zeiten auf schulmedizinische Medikamente zurückgreife, hatte ich kein Betäubungsmittel bzw. keinen Apfel griffbereit, den ich – wie dem Schwein am Spieß – der Seele in den Mund stecken konnte.

Durch die Teilnahme an der YPD-Challenge (Young, Powerful, Dynamic – die TOP 100 Schüler/Studenten bekamen die TOP 100 Ferialpraktika in Österreich) ergatterte ich den Job als Videoredakteur bei Vienna.at, und dann war da auch noch der liebe Manfred Baumann, einer der bekanntesten österreichischen Fotografen. Mich haben Stars nie wegen ihres Star-Seins interessiert, vielmehr interessieren mich die Menschen, die hinter diesem Image stecken. Manfred Baumann ist einer der feinsten Menschen, die ich kenne. Es war immer eine Freude, mit ihm und seiner Frau Nelly zusammenzuarbeiten, ob in Wien oder eben für einen Monat im Ausland – in Los Angeles, in der Stadt des Grauens und der High Society.

Das Besondere an dieser Tätigkeit war, dass ich tagsüber mit Manfred und Nelly in Beverly Hills in luxuriösen Villen das Fotografie-Set aufgebaut, mit den Golfwagen die Stargäste herumkutschiert und dann am Abend in einem Zen-Kloster übernachtet habe.

Am Set haben sich auch immer wieder interessante Gespräche ergeben, wie zum Beispiel mit einer CSI-Miami-Schauspielerin, die den zweiten Assistenten Arturo und mich über »Glück« philosphieren hörte. Woraufhin sie uns unterbrochen hat und uns eines mitgeben wollte: »Guys! When I was young, I didn't have that much money. But I can tell you: Small house, small problems. Big house, big problems. Being rich doesn't make you happy!«

Gespräche wie diese habe ich aufgesaugt wie SpongeBob Schwammkopf und mir stets zu Herzen genommen. Ebenso, wie bereits erwähnt, haben mich die fünf Tage mit den Kuttenträgern, die mich zu einem Retreat einluden, viel gelehrt. Wir haben elf Stunden netto/Tag sitzend meditiert. Dieses spirituelle Abenteuer hat mir auch eines gezeigt: dass es Zeit wird, weniger sitzend zu meditieren, sondern vielmehr die Achtsamkeit im Alltag einzubeziehen – etwa bei einem Gespräch einen Dialog und keinen Wortwechsel zu führen, beim Anstellen an der Kassa geduldig zu sein oder sich beim Klogehen im Loslassen zu üben.

Die Zen-Mönche in L.A. waren Weltmeister im Zen, aber komplett überfordert in der reizüberfluteten Stadt. Und das fühlte sich für mich nicht stimmig an. Ich wollte beides kombinieren und insbesondere die Meditation als Tool verwenden, um in dieser rauen, schnellen Welt noch stärker mit mir selbst verbunden zu sein und mich als Mensch zu verfeinern.

Nach meinem Vagabunden-Leben der letzten Jahre war es Zeit, einmal örtlich länger zu verweilen. Ich hatte auch tierisch Bock, mir endlich zwei weitere Träume zu erfüllen – erstens für ServusTV zu arbeiten und zweitens im Salzkammergut zu leben. Und so ist es dann auch gekommen. Ich habe zuerst ein Jahr als Praktikant und anschließend als gut bezahlter Redaktionsassistent gearbeitet, meine Bleibe lag nur fünf Minuten vom Fuschlsee entfernt. Sie können sich vorstellen, wie traumhaft das war, sowohl an den Sommer- als auch an den Wintertagen. Ich unternahm nach der Arbeit gern Skitouren oder badete vor bzw. nach der Arbeit nackt im See. Herrlich!

Diese zwei Jahre des fristlosen Vertrags taten meiner Persönlichkeit gut, denn es gab nicht mehr ständig einen fließenden Übergang von einer Station zur nächsten. Ganz im Gegenteil, es war endlich ein Zur-Ruhe-Kommen.

Es gab Tage, an denen ich zu Hause saß und Dutzende Bücher verschlang, mit Musik Beethovens im Hintergrund, oder Dokumentarfilme konsumierte, um mich inspirieren zu lassen und weiterzubilden. Und es gab auch Momente der »Wurschtigkeit«, in denen ich die Dreistigkeit an den Tag legte und beispielsweise bei Filmproduzenten oder beim Kabarett Simpl in Wien persönlich erschien – ohne mich vorher anzumelden.

Ich war zu allem bereit, obwohl ich filmisch oder schriftlich bzw. generell künstlerisch nichts vorzuweisen hatte. Aber ich dachte mir immer: »Versuch's doch!« Warum auch nicht? Scheitern bedeutete schon damals für mich keineswegs, eine Absage einzufahren, sondern überhaupt keinen Versuch zu starten.

Neben meinen beruflichen Tätigkeiten beschäftigte ich mich in einem intensiven Ausmaß mit spirituellen, geistreichen, kabarettistischen und philosophischen Themen. Ja, so bin ich eben, und ich war auch immer zufrieden, so wie ich bin, auch wenn mir dieses Anderssein in einer Welt voller Kopien und Angepasster es nicht erleichterte, meinen individuellen Platz zu finden. Weil's die passende Schublade für mich nicht gab oder sie damals nicht sichtbar war.

Oft wurde ich für meinen Werdegang als verrückt betitelt. Aber da mir ein Tiroler Pfarrer einst versichert hatte, dass die, die nicht verrückt sind, die eigentlichen Verrückten sind, war ich beruhigt.

Er drückte dies allerdings so aus: »Wer keinen Vogel hat, spinnt.« Und so ver-rückte zur Weihnachtszeit 2015 einer meiner Seelengärten meine Wahrnehmung, dass es Zeit war, als Assistent aus dem Schattendasein meiner Chefredakteure oder Regisseure zu springen und das zu tun, was tatsächlich meinem Wesen entsprach. Wie gesagt, Unterforderung überfordert mich, und da ich keine Möglichkeiten sah, mich bei ServusTV menschlich und beruflich in meinem Tempo weiterzuentwickeln, gab ich meinem Chef Bescheid, dass ich kündigen wolle – zu seinem Bedauern. Der liebe Hans-Peter Stauber gab mir sogar eine Woche Urlaub und Bedenkzeit, weil er mich nicht ziehen lassen wollte.

Ich wusste, dass diese Entscheidung rational idiotisch war und einen schwierigeren Weg für mich bedeutete. Aber was viel wichtiger war: Emotional wusste ich, dass es keinen richtigeren Weg gab. Diese Zeit war allgemein eine windige Schifffahrt – obendrein ging wieder eine Beziehung in die Brüche und familiär hatte ich wegen meines Kirchenaustritts Kacke am Dampfen.

Doch dann packte mich die Magie am Arm und ich gab mich ihr hin …

In der Kündigungsphase meinte es das Schicksal gut mit mir. Ich traf auf einer Party einen Ex-Schulkollegen meiner Schwester, namens Fuchsi, der sich nach seinem Studienabschluss zu Fuß vom Mostviertel nach Santiago de Compostela begeben hatte. Die Party an diesem Abend war hervorragend, doch die Idee, selbst den Camino Francés zu gehen, schmeckte meiner Seele noch besser als meinem Magen der Kaviar. Meine Seele war hungrig nach einem Abenteuer.

Nachdem ich dieses Gedankenschmankerl vernascht hatte, buchte ich noch in derselben Woche den Flug nach Spanien. Bereits zwei Wochen später war ich in Pamplona, dem Ausgangspunkt meiner Pilgerreise im Frühjahr 2016. Es war der Beginn einer Reise, die mir bewies, dass der Homo idioticus durchaus noch das Potenzial in sich trägt, ein Homo sapiens zu werden.

»Geografisch betrachtet bin ich von Pamplona nach Santiago und über Muxia bis ans »Ende der Welt« gepilgert, nach Finisterre. Metaphorisch betrachtet bin ich mit jedem Schritt einen Schritt zu mir selbst, meinem Selbst, meiner Quelle gegangen. Die immer stärker werdende Verbindung zu unserem Ursprung war bei jedem einzelnen Pilger von Tag zu Tag, in Form von strahlenden Augen, zu erkennen.«

Tja, und so bin ich eben von Pamplona losgehatscht – pardon, ich meine natürlich gepilgert. 30 Tage. Ohne Internet. Ohne Freundin. Ohne Versicherung. Und ich hab's trotzdem überlebt. Jeder Schritt war ein Schritt zu mir selbst, eine Bewusstwerdung meines menschlichen Potenzials. Es war quasi ein Nonstop-High-Gefühl.

Diese rund 800 Kilometer zu Fuß waren eine entschleunigte Reise, die die Ernstwerdung beschleunigte. Ja, »Ernstwerdung« trifft es gut. Der Ernst ist noch mehr Ernst geworden. Nein, nicht mehr ernst – ganz im Gegenteil! Mehr Ernst eben!

Was ich damit final ausdrücken möchte, ist, dass ich jedem »Menschengfrast« das »Beten mit den Füßen« an ihr bzw. sein 30 dag schweres oder vielleicht gewichtigeres Herz lege – sowohl der Tante Emma als auch der geheimen Exfrau des Herrn Pfarrer, einem ausgebrochenen Sträfling des Gefängnisses Stein oder dem Dalai Lama himself.

Nicht nur auf dem Camino Francés sind wir Pilger, sondern auch über Santiago und Finisterre hinaus sind wir »auf dem Weg«. Ob man tiefer in das Leben eintauchen will oder nur als »Tourist« auf den Planeten Erde gekommen ist, ist jedem selbst überlassen.

Eine 27-jährige Zahnärztin, deren Vater eigentlich pilgern wollte, den aber der Herrgott zu früh heimgeholt hat, der gehende Exrollstuhlfahrer, der reiche Juwelier aus Rom oder der Vater von fünf eigenen und vier geistig behinderten Pflegekindern – fast jeder »Pilgerant« auf meinem Weg hatte eine spannende Geschichte zu erzählen. Jede ließ mich erstaunen und injizierte mir Demut. Aber eben nur fast jeder Pilger. Denn eine 65 Kilogramm leichte Pilgerin wollte einfach nur Gewicht verlieren. Durchaus erstrebenswert, ein paar Fettpölsterchen zu verbrennen, aber dies als Hauptmotiv für das Pilgern zu wählen und deswegen ihren Gluteus maximus hierher zu bewegen ... Well, human beings are different. Gut so!

Wie erwähnt, war mir das Schicksal hold und ich traf inspirierende Persönlichkeiten, wie eben Daniele, den italienischen Juwelier, mit dem ich mehrere Kilometer abgespult habe. Er hat mich an den Reichtum der Einfachheit erinnert. Vor ein paar Jahren waren er und seine Ehefrau um 15.000 Euro auf den Seychellen auf Urlaub – für diesen einen Monat am Camino Francés benötigte er weniger als 1000 Euro. Wenn er heute beide Reisen nach eigenem Ermessen finanziell bewertet, würde er ohne lange zu überlegen die Summen tauschen.

Pilgern hat mein Leben wahrlich reicher gemacht, unter anderem wegen der interessanten, unterschiedlichen (Lebens-)Geschichten von Menschenkindern aus aller Welt. Zu Beginn der Reise war ich einer von den Zeigefinger-Zeigern, die die Wahrheit nicht angenommen haben. Statt einer Wahrnehmung hat quasi eine Wahrgebung stattgefunden. Je mehr Tage ich in die Welt des Pilgerns eintauchte, desto mehr lebte ich im Moment und nahm die Knieschmerzen so hin, wie sie waren, ebenso die schimmligen Unterkünfte, die 140-dB-Schnarcher und das Aprilwetter im März.

Natürlich versuchte ich meine Schmerzen zu behandeln, mein Bett gemütlich zu organisieren, mit Ohropax für Ohren-Frieden zu sorgen oder dem Wetter entsprechende Kleidung anzulegen, aber nicht mehr und nicht weniger. Hatte ich ein Problem, so versuchte ich es zu lösen. Konnte ich es nicht lösen, so nahm ich es hin, wie es war.

Gott? – Wer soll das sein? Den Kerl gibt's ned!

Nach einigen längeren Etappen habe ich mich entschieden, eine abgespecktere einzulegen. Somit kehrte ich bereits kurz vor Siesta in einer klösterlichen Herberge ein. Das strahlende Lächeln und die kleinen, aber feinen Willkommensgeschenke, wie Mehlspeisen oder selbst gemachte Säfte, haben mich mit Freude beglückt.

Gegen Abend hin begaben sich geschätzte dreißig Pilger und drei Klosterschwestern in den Aufenthaltsraum. Dort wurde ausführlich über die Gründe für unser Dasein gesprochen und schlussendlich wurden Lieder gesungen, die allesamt tief berührten. Vor allem das »Halleluja« hat in mir Tränen der Trauer ausgelöst. Trauer, die ich mir nicht erklären konnte, doch ich gab meinen Emotionen freien Lauf. Es tat gut. Etwas hatte sich in mir gelöst.

Immer und immer wieder kam mir dieser Ohrwurm während des Pilgerns unter und ich rezitierte das Halleluja wie ein Mantra. Angekommen in Santiago sang ich dieses Lied erneut, und beim Aufbruch Richtung Finisterre ging ich an einer Kapelle vorbei und hörte einen Chor das Lied singen – Gänsehaut breitete sich über meinen gesamten Körper aus.

Tags darauf traf ich eine weise Seele, Antonio-Bruno Scorsone. Er war fünffacher Vater, Caritas-Sozialarbeiter in Kanada, stolzer Vater einer berühmten Hollywood-Schauspielerin und überzeugter Katholik. Ich war sicher, dass er mir bezüglich der Bedeutung des Wortes »Halleluja« weiterhelfen kann. »Halleluja stammt aus dem Hebräischen und bedeutet: Lobt Gott!« Als er dies sagte, musste ich über mich selbst schmunzeln.

Das Lied »Halleluja« hatte mich ergriffen und ich begriff, dass ich vielleicht doch ein wenig an den lieben Gott glaube. Zuerst war es mir nicht bewusst, was ich vor mir »dahersang«, doch nun wusste ich es. Und ich konnte es nicht mehr vor mir selbst leugnen: Ich glaube an dieses Göttliche, die Magie, den Zauber, an das Geheimnis … wie auch immer Sie es nennen wollen.

Pilgern 2016 – Glück muss man haben

Geschwollene Achillessehnen und fünf Blasen pro Fuß haben den Tag nach Ponferrada nicht zwingend erleichtert – und genau aus diesem Grund habe ich zu meinen finnischen und italienischen Mitpilgern gesagt, dass ich langsam vorgehen werde, weil sie mich gewiss einholen werden. Obendrein sei zu erwähnen, dass eine entzückende Pilgerin am Nebentisch ebenso in Aufbruchstimmung war.

Schon wenige Meter nach Verlassen der Stadt führten die hübsche Pilgerin und ich tiefgründige Gespräche. Sie erzählte mir den Beweggrund für ihren Marsch am Camino Francés. Ihr Vater ist mit fünfzig Jahren überraschend an Krebs gestorben, und es war immer sein Traum gewesen, den Jakobsweg zu gehen. Nun tat sie diese Reise für ihn. Wir gingen ein Stück des Weges gemeinsam.

Inspiriert von ihrer Geschichte, vergaß ich komplett meine Schmerzen und meine geschwollenen Füße. Nach 40 Kilometern verdeutlichte mir allerdings mein Nervensystem, dass es Zeit wurde, haltzumachen. Blöderweise hatte an jenem Tag in Ambasmestas keine Herberge geöffnet. Ich versuchte es trotzdem und klopfte einfach an die Tür des letzten Hauses in diesem verträumten Dorf. Eine Frau öffnete und sagte mir, dass heute eigentlich geschlossen sei, ich aber einen sympathischen Eindruck mache und sie mich aus diesem Grund ausnahmsweise reinlasse. Gott sei Dank!

Die Herberge, die 2015 renoviert wurde und daher im Vergleich zu anderen wie ein Hotel erschien, war wahrlich ein Segen. Nicht zu vergessen die Besitzer – eine entzückende spanische Familie, die mich bekochte, mit mir Billard spielte, tiefsinnige Gespräche anzettelte, das Frühstück für den nächsten Tag vorbereitete, mir dann abends den Schlüssel in die Hand drückte – und mir die Herberge alleine überließ. So macht Pilgern Spaß! Leidige Pointe am Rande: Nachdem ich am nächsten Tag die Tür aufgeschlossen und den Schlüssel in den Postkasten geworfen hatte, fiel mir ein, dass ich meine verfluchten Wanderstöcke im Haus vergessen hatte. Obwohl eine der anstrengendsten Etappen nach O Cebreiro auf mich wartete, nahm ich es zur Kenntnis und machte mich eben ohne Stöcke auf den Weg dorthin und dann nach Triacastela.

Pilgern 2016 – »Injektion« Inspiration
Die Persönlichkeiten und Geschichten auf dem Pilgerweg hätten unterschiedlicher nicht sein können.

- Martin, der als ehemaliger Nato-Soldat vom Menschenmörder zum Friedensbotschafter wurde.
- Thomas, der sein Abitur in Deutschland absolviert hat und sich vor seinem Beruf als Bauer noch einmal sammeln möchte.
- Juna, eine authentische südkoreanische Seele, die nach einer schwierigen Kindheit und dem Selbstmord ihres Ex-Freunds die Stille ihres Geistes aufsucht.
- Der Franzose Philipp, ein Ex-Skipper, der vor einigen Jahren einen Autounfall hatte und etliche Monate gelähmt im Rollstuhl saß. Nun kann er wieder gehen und pilgert dreißig Kilometer täglich.
- Jonas steht vor dem Studienabschluss und wird künftig die Sprösslinge in der Volksschule unterrichten. Er hatte zu wenig Geld für eine Weltreise, aber genug zum Pilgern. Deswegen bezeichnet er Pilgern als eine »Weltreise für Arme«, wo einander Menschen aus allen Herrgottswinkeln, aus unterschiedlichsten Kulturen und mit unterschiedlichen Religionen und Sprachen auf neutralem Boden kennenlernen.
- Dann war da auch noch Frederic aus Dänemark, der sich seine Trauer aus den Adern wanderte – sein zweijähriges Kind war gestorben.
- Oder Richard. Richard lebt in Berlin, hat fünf eigene Kinder und vier geistig behinderte Pflegekinder. Zum 18. Geburtstag seines Pflegekinds gehen beide nach Santiago.
- Und Marie. Nachdem ihr Mann bei der Hochzeit nicht erschien, geht sie am nächsten Tag den Jakobsweg – im Hochzeitskleid, mit einem Esel an ihrer Seite, der ihren ehemals potenziellen Mann symbolisieren soll. Angekommen in Finisterre, verbrennt sie ihr Hochzeitskleid.

Und so habe ich mich durch diese Pilgerreise schön langsam, mehr und mehr, aber doch, zu einer feinfühligen »Rotzpipn« entwickelt. Es wird gemunkelt, dass ich ab und an schwarzgefahren oder wie ein waschechter Marokkaner bei Rot über die Straße gelaufen bin, weil meine Augen nach links und rechts schauen können und Selbstverantwortung mir durchaus ein Begriff ist.

Was ich Ihnen damit sagen möchte? Dass ich Sie, liebste Leserinnen und Leser, leider enttäuschen muss! Ich bin kein Traumschwiegersohn, geschweige denn ein Heiliger. Nein, ich bin immer noch nicht heilig und habe auch nicht vor, dies anzustreben. Warum? Na ja, ganz einfach, weil mir das Rotzpipn-Dasein viel zu sehr Freude bereitet. Doch ich habe meine rotzpipnschen Qualitäten, wie oben erwähnt, verfeinert und versuche mich diesen zu stellen, um nicht anderen oder mir selbst Schaden zuzufügen. Ja, das ist hier und jetzt mein Status quo. Morgen bin ich wieder ein neuer Mensch, noch facettenreicher als die Weine meines Onkels Andreas und meiner Tante Christina (Achtung, Schleichwerbung!).

Nach meiner Ankunft in der Heimat war ich sehr stark mit mir selbst verbunden und ich konnte den einen oder die andere dafür begeistern, noch im selben Jahr auf Pilgerschaft zu gehen.

Meine Rückkehr ins »normale« Leben entwickelte sich zu einer Herausforderung. Ich stellte es mir leichter vor, als ich gedacht hatte, und endete schließlich in der Arbeitslosigkeit. Ich überlegte: Lieber arbeitslos als leblos – und empfing das Arbeitslosengeld wie ein überbrückendes bedingungsloses Grundeinkommen, das es mir ermöglichte, meinen nächsten Schritten auf den Grund zu kommen und dort fortzusetzen, wo ich aufgehört hatte.

Dieser Gang durch die Leere war einer, der meine Seele beinahe verdursten ließ. Zweifel machten sich breit, weil ich keinen Ausgang sah und nur den Tunnel, Gefühle der Leere überfluteten mich und ich wurde von Wellen überrascht, die mich wieder zum Ursprung zurückschwappten.

Rückblickend habe ich viel von diesem seelischen Wüstenspaziergang gelernt. Nämlich dem Leben gelassener, demütiger und dankbarer zu begegnen – weil es nur eine Frage der Achtsamkeit und der Geduld ist, bis einen die Magie wieder packt. Und so ist es dann eines Abends auch gekommen.

Wenn ich an jenem Abend, an dem ich eigentlich schon krank im Bett gelegen bin, die Veranstaltung von Peter Alexander Hackmair (Ex-Fußballprofi, Autor und ORF-Sportexperte) nicht aufgesucht hätte, dann würde ich heute nicht an diesem Buch schreiben. Dann hätte ich André Heller in seinen vier Wänden am 24. Dezember um 17 Uhr nicht interviewt und Madeleine Aliziadeh im 7*Stern-Cafe als Seelenverwandte vermutlich nie kennengelernt, geschweige denn Marrakesch, das magische Fleckchen Land. Stattdessen würde ich heute wahrscheinlich immer noch Gratis-Katzenfutter-Testpakete in der Donau City verteilen und gewiss nicht an einem Buch schreiben.

»Der Konjunktiv ist des Menschen größter Feind.«

Das wirklich Magische an diesen drei Treffen war, dass ich sowohl am Abend der Veranstaltung von Peter Hackmair als auch beim Interview mit Madeleine Alizadeh und André Heller eigentlich krank war, aber jeweils einen Seelendrang verspürte, diese Personen unbedingt kennenzulernen. Ich habe mich daher in meinen Allerwertesten getreten, um mir diese Abenteuer nicht entgehen zu lassen.

Peter Alexander Hackmair – Ein Träumer ohne Grenzen

Peter ist eine Person der ganz besonderen Sorte. Er polarisiert insbesondere durch seine unkonventionellen Denkweisen, die groß sind. Ganz nach dem Motto: »Nur große Ideen taugen was« oder »Nur durch Scheitern kann ich mich weiterentwickeln«. Er hat sich deswegen schon des Öfteren in der Öffentlichkeit deftige Watschen abgeholt. Aber er lässt sich nicht beirren und geht seinen Weg weiterhin – getrieben von »Think outside the box«, Liebe zum Leben und auf der Suche nach sich selbst im Seelenmeer.

Ich bewundere zutiefst seine Person. Jeder, der Peter besser kennt, weiß, dass er eine sehr sensible, warmherzige Art hat und trotz harter Vergangenheit nicht abgestumpft ist, sondern sich weitersensibilisiert hat. Bereits als kleiner Knopf hatte er den Traum, Fußballprofi zu werden, und er ist diesem Traum stets gefolgt. Die Erfolge bei SV Ried und Wacker Innsbruck geben ihm recht. Mit der Bronzemedaille bei der U19-EM und dem vierten Platz bei der U20-WM feierte er seine Karrierehighlights.

Dieser schmale Grat zwischen Aufgabe und Hingabe zu seinem Traumberuf prägt und kann an den Nerven, aber auch an den Sehnen zerren, sodass schon mal der eine oder andere Faden reißt. Bei ihm am 21. August 2012 passiert. Peter beendet seine aktive Karriere und startet eine Weltreise, und es öffnen sich neue Türen, innen wie auch außen. Heute ist er ORF-Fußballexperte bei Euros oder Weltmeisterschaften, Blogger, Buchautor, Speaker etc. Wenn man wüsste, und ich weiß es, wie es hinter den familiären und knallharten fußballerischen Kulissen abgelaufen ist, dann muss man Peter ein großes »Chapeau!« aussprechen und sich vor seinem Leben verbeugen. Verbeugen vor seiner Courage, wie er sich durchs Leben durchgedribbelt hat.

Die wunderschönen Motive in Marrakesch haben bei dem einen oder anderen Fotografen schon für einen Muskelkater im Zeigefinger gesorgt.

Peter und ich haben uns drei Mal in unserem Leben getroffen und beim dritten Mal entschieden, dass wir nach Marrakesch fliegen. Wir wollten dem europäischen Vorweihnachtsstress entfliehen und in eine fremde Kultur eintauchen.

Und so flogen wir am 18. Dezember 2016 von Wien nach Marrakesch. Eine Reise, die mein Leben veränderte. Ich verspürte Momente der tiefen Dankbarkeit. Weil mein Kollega Peter und ich in ganz Marokko Szenarien erlebten, die Drehbuchautoren nicht besser hätten schreiben können. Der stets ausgebuchte André Heller gab uns am Heiligen Abend eine private Führung durch seinen Palast. Und nicht zu vergessen: Mein Patenkind Amalia sagte zum ersten Mal »Gedi« zu mir via Skype-Session. – Bereichernde Weihnachtsgeschenke, die nicht materieller Natur waren, aber eine Initialzündung auslösten und die Erinnerung, dass es sich stets lohnt, inspirierende Orte und Abenteurer aufzusuchen.

Ich merkte verstärkt, wie meine verstaubten Adern und Venen wieder von Lebenskraft durchströmt wurden. Diese Magie hat mir vergessene Tore zu meinem Selbst geöffnet und die Lebendigkeit des Seins eingeflößt. Die wandernden Dünen, der Demut einflößende Sternenhimmel, der nächtliche Gesang der Nomaden am Lagerfeuer, der zuckersüße Minztee, die kulinarischen Gaumenfreuden, die handgemachten Töpfe, die chaotischen Marktkulissen, der mit Feinheiten geschmückte Garten André Hellers – es ist pure Magie, die Marokko ausstrahlt. Man konnte meinen, die marokkanische Seele hat sich mit meiner auf ein Rendezvous verabredet und ewige Liebe geschworen.

Wir haben uns verliebt. Nein, nicht Peter und ich ineinander, sondern wir uns in die Wüste.

Und so kamen wir rechtzeitig und freudestrahlend nach Österreich zurück, um mit unseren Liebsten Weihnachten zu feiern. Bei meiner Rückkehr erfuhr ich, dass meine Großeltern 1970 in Marokko gewesen waren, wegen einer Weinmesse hatten sie sich in den Flieger gesetzt. Und da ihr Vertrauen in die Fluggesellschaften damals nicht so ausgeprägt war, haben sie sich entschieden, getrennt zu fliegen, damit im Fall der Fälle zumindest ein Elternteil weiterhin für die Großfamilie sorgen könnte. Als ich dann noch erfahren habe, dass es von dieser Reise 8mm-Aufnahmen* gibt, haben meine Augen zu leuchten und vor allem mein Herz vor Freude zu pochen begonnen.

*http://www.youtube.com/watch?v=EAWuvjSER4U

Ja, ich sehe es genauso wie Sie: Meine Großmutter wäre heute eine erfolgreiche Instagrammerin oder vielleicht sogar Hollywood-Schauspielerin und Opa ein hervorragender Kameramann.

Ein Puzzlestück hat sich mit dem nächsten Puzzlestück verbunden, sodass sich ein immer klareres Bild entwickelt hat und mir dadurch klar wurde, dass ich den Pilgerweg von Wien nach Marrakesch unbedingt gehen muss.

Ja, wirklich muss. Es war eine entschlossene Idee, die ich realisieren musste, auch wenn ich mich immer wieder sträubte, auch wenn ich Angst hatte, und auch wenn meine linke Hirnhälfte sich dachte: »Ned schon wieder so a Schnapsidee.«

Ich musste diesen Weg gehen, weil es für mich so geplant war. Wenn mich etwas begeistert, dann kann ich mich wenden, kann um den heißen Brei herumtanzen oder davonzulaufen versuchen – das wird alles vergebens sein, weil mich der Zauber einholt, weil mir das mögliche Abenteuer zu verführerisch erscheint. Und so habe ich im Jänner 2017 final entschieden, diese Pilgerreise vorzubereiten.

Und dann hat mich in der Vorbereitungszeit auch noch eine Seelenverwandte unterstützt und mir Feuer unter dem Arsch gemacht. Die Rede ist von Madeleine Sophie Daria Alizadeh. Maddie und ich haben uns am 10. Februar 2016 anlässlich eines Interviews kennengelernt und seither nicht mehr aus den Augen verloren.

Da Peter Hackmair in meinem »Wohnzimmer«, dem Siebenstern-Cafe, immer nur männliche Interviewpartner eingeladen hatte, wie Harald Katzenschläger, Ali Mahlodji, Andreas Onea oder Peter Buchroithner, machte ich mich stark, dass es doch endlich an der Zeit wäre, auch Frauen einzuladen, und so schlug ich Madeleine Alizadeh vor.

Peter willigte ein, aber unter der Bedingung, dass ich Maddie interviewe. Und da er mich schon in André Hellers Palast dazu drängen wollte, das Mikro in die Hand zu nehmen, war es nun soweit, mich selbst vor die Linse zu stellen.

Das Interview mit Maddie war kein gewöhnliches, sondern wie ein Dialog zwischen zwei Verwandten aus alten Tagen. Die Situation

Ich war froh, als die Schulzeit vorbei war, wenn auch mit etwas Verspätung, benötigte ich doch für die Matura einen zweiten Anlauf, da meine Psychologie/Philosophie-, aber auch meine Deutschlehrerin mich scheinbar nochmals sehen wollten, ganz nach dem Motto: Warum einmal, wenn's zweimal auch geht.

Amüsantes Detail am Rande: Später studierte ich Psychologie/Philosophie bzw. habe ich beim Theatersommer Haag genau bei jenem Stück mitgewirkt, das mir bei der Matura ein »Nicht Genügend« eingebracht hatte. Traumaverarbeitung at its best.

Dies war nicht der einzige zweite Anlauf in der Ära Merkinger Ernst III. Wenige Wochen nach dem Durchfallen bei der Matura scheiterte ich an der Führerscheinprüfung, weil ich im Ortsgebiet mit 60 km/h in der Kurve beschleunigte. Scheinbar wollte ich die Prüfung möglichst rasch hinter mich bringen. Nach dem zweiten Anlauf hatte ich die Matura und den Führerschein endlich in der Tasche – was konnte nun noch schiefgehen?

»Es ist leicht, das Leben schwer zu nehmen. Und es ist schwer, das Leben leicht zu nehmen.«
Erich Kästner

Das echte Leben stand vor der Tür und ich war voller Tatendrang, obwohl ich noch nicht wusste, wie meine berufliche Laufbahn aussehen sollte. Aber eins wusste ich: Ich will mir einen Traum erfüllen und meine Tante auf Hawaii besuchen.

Um mir diesen »Kuraufenthalt« nach den Pflichtschuljahren leisten zu können, ging ich arbeiten. Und so arbeitete ich zuallererst beim Maschinenring Aschbach, die mich in der Molkerei als Topfennockerl-Hilfsarbeiter oder beim Suppenhühnerhändler zum Schlichten zwölf gefrorener Hühner benötigten. Letzteres tat ich jedoch nur einmal.

Ich verdiente gutes Geld, hatte aber diese Arbeiten bald satt, weil sie sich mit meinem Gewissen nicht vereinbaren ließen. Woraufhin mich mein Onkel Hannes, der bis heute erfolgreich den

Abseits des 08/15-Geschehens skatete ich im Winter auf meinen selbst gebauten Langlaufloipen, und wenn kein Schnee lag, spielte ich liebend gerne Fußball – allein. Ich lebte in meiner eigenen Welt. Ständig habe ich mich angefeuert und gepusht, als wäre ich der ORF-Sportmoderator Armin Assinger, der Fußballer David Alaba, der Kombinierer Felix Gottwald und ein Mentaltrainer in einem. Ab und an, aber viel zu selten, duellierte ich mich mit meinem Vater.

Mein Daddy hat sich eines Tages einen Muskelfaserriss zugezogen, somit seine aktive Karriere als Vaterfußballer beendet und sich voll seiner Berufung als Finanzminister gewidmet. Ganz zu meinem Bedauern. Zum Glück gab es dann beim Umzug in das neue Passivhaus in Hartlmühl den Nachbarn Schimpi und den Fleischhauersohn Max, die mich forderten und förderten. Maxl überzeugte mich nicht nur von seinen Leberkässemmerln mit Gurkerln, sondern bald auch davon, Teil des Jugendfußballvereins in St. Peter zu werden, wo ich in der Reserve so gut verdiente wie später bei so manchen Theatern oder Medien. Ja, ich verdiente damals tatsächlich ein wenig Geld. Pro Punkt zehn Euro.

Ich konnte über 500 Mal mit dem Fußball jonglieren und hatte eine gute Ausdauer, aber die Leidenschaft war nicht groß genug, um meinen häufig erzürnten Fußballtrainer zu erdulden. Ich verlor die Freude am Spiel, weil aus der Freude eine tierisch ernste Pflicht wurde. Durch den Konkurrenzkampf, den ich auch im Sportzweig der Oberstufe mehr und mehr erfuhr, verlor ich mehr und mehr die Urfreude am spielerischen Sport. Wir hatten insgesamt sieben Stunden Sport in der Woche und jede einzelne Einheit war ein Kampf gegen den anderen und kein Miteinander. Jeder wollte der Beste sein.

Das Pendeln, die Anonymität als Schüler – war ich doch eine familiäre Atmosphäre gewohnt – und die nicht vorhandenen Grundmanieren meiner Klassenkameraden waren ebenso maßgebliche Gründe für schlechter werdende Noten. Es war ein Kulturschock, der meine schöne heile Welt auf den Kopf stellte. Aber diese Jahre gingen auch vorüber.

war so angenehm, dass wir Peter und die Kamera völlig vergaßen und ich Maddie Antworten entlocken konnte, die jede Klatschzeitung gerne aufgenommen hätte.

Maddie verglich mich mit Oprah Winfrey, die ein ähnliches Talent besitzt, nämlich ihrem Gegenüber Aussagen herauszulocken, die es gar nicht preisgeben wollte. Das Interview dauerte so lange, dass es Peter als Kameramann unterbrach. Er ließ uns wissen, dass er noch zu einem Termin müsse. Und so lief die Kamera im Hintergrund weiter, bis wir nach eineinhalb Stunden zu dem Schluss kamen, dass es Zeit war, Schluss zu machen. Also das Gespräch offiziell zu beenden.

Madeleine Alizadeh hat die »Influenza«

Wenn ich von Madeleine Sophie Daria Alizadeh spreche, dann könnte man meinen, ich spreche – wegen ihres Facettenreichtums – von Mutter Teresa, Michael Niavarani und Alice Schwarzer in einer Person. Es gibt eine Schar an Instagrammern, YouTubern, Facebookern, die viele Likes oder Follower nachweisen können. Aber nur, weil man viele Likes oder Follower hat, heißt das noch lange nicht, dass der Menschheit dienliche Arbeit geleistet wird. Doch das »Team« Madeleine, Sophie, Daria und Alizadeh weiß es in Form des Künstlernamens »Dariadaria« mit vereinten Kräften umzusetzen.

Durch die »Van-der-Bellen-Bewegung« im Wiener Konzerthaus 2016 wurde ich zum ersten Mal auf Maddie aufmerksam und war verwundert, wer denn diese »Dariadaria« sei. Neben André Heller, Manuel Rubey und Harald Krassnitzer hat ihr Auftritt bei mir einen bleibenden Eindruck hinterlassen, weil sie spürbar ihr Herz auf der Zunge trug – eine rare Qualität, die mich neugierig machte.

Eineinhalb Jahre später habe ich sie anlässlich der Siebenstern-Talks, die hauptsächlich von Testosteron-Gästen geprägt waren, mit meinem Brudi Peter zu einem Gespräch eingeladen, um herauszufinden, ob sie Alternative Facts »instaniert« oder doch das Verinnerlichte veräußerlicht vorlebt.

Ihre Achtsamkeit gegenüber Worten und ihre Offenheit mir gegenüber haben mir imponiert, denn in der Öffentlichkeit und besonders in der toughen Medienwelt wirst du schnell von Hatern verfolgt. Und wenn du dir den Gluteus maximus aufreißt, die Veränderung vorzuleben versucht, wenn du auch noch zartbesaitet bist, die 30 dag (Durchschnittsgewicht des menschlichen Herzens) auf der Zunge trägst, einige Jahre tagein, tagaus in diesem Business dein Leben sharst, dann kann ich durchaus verstehen, wenn man eine Wall (»Let's make Maddie great again!«) aufbaut und nur die Fassade präsentiert. Doch das tut sie eben nicht.

Maddie handelt anders als die anderen Online-Junkies. Doch dies ist ein Tanz auf heißen Kohlen, weil sich manche Lebensverweigerer in der asozialen Medienwelt auskotzen wollen, kontraproduktive Statements abgeben und ein virtuelles Gackerl – ohne Sackerl – auf Kanälen anderer hinterlassen, das mit dem Menschen hinter der Wall »etwas macht«. Bewusst und unbewusst.

Mittlerweile kenne ich Maddie eine Spur besser – also eine achtspurige Autobahn besser. Ich kann sagen, dass ich mich im Konzerthaus, auf ihren Kanälen oder im Interview nicht getäuscht habe – sie ist eine Pilgerin. Keine Touristin, sondern eine Pilgerin!

Sie hat sich auf den Planeten Erde gepflanzt, um Wurzeln zu schlagen, um ihre Erkenntnisse in Form von Früchten zu teilen und der Welt mehr Menschlichkeit anzubieten.

Ultreia, liebe Maddie!

PS: Wenn Sie Fragen bezüglich Hatha Yoga und Fair Fashion haben oder auf der Suche nach dem besten veganen Lasagne-Rezept sind, wenn Sie wissen wollen, warum Skorpion ihr Lieblingssternzeichen ist oder warum Plastik ohne Widerrede Scheiße ist, dann schreiben Sie ihr bitte nicht, sondern googeln Sie zuerst mal oder durchforsten Sie ihre FAQs!

Wenn sich zwei Instagrammer treffen, dann ist die Kamera nicht weit.

Die Vorbereitungszeit ist etwas Furchtbares
Ich erhielt eine Sponsoren-Absage nach der anderen – Sonnentor, Patagonia und auch der geschätzte Heini Staudinger haben mir eine Absage erteilt. Der Versuch, ihm zu erklären, dass ich seine drei Grundprinzipien – zu lieben, nicht »deppat« zu sein und sich nicht anzuscheißen – prinzipiell ja verstanden habe und auch zu leben versuche, misslang. Bei Letzterem, nämlich sich nicht anzuscheißen, stieß ich an gewaltige Grenzen, weil ich nicht mit null »Marie« von Marrakesch heimkehren wollte.

Ich wollte meine Reise sorgenfrei starten und nicht mit der Sorge, dass der Traum von Wien nach Marrakesch zum Albtraum mutieren könnte. Ich wollte die Reise genießen, und genießen bedeutet für mich, nicht ständig Sorge tragen zu müssen, mir das Essen oder eine Übernachtung im Hotel nicht leisten zu können.

Aber das Leben ist eben kein Wunschkonzert und ich bekam nicht, was ich wollte, sondern sollte. Nämlich nichts. Keinen Cent. Heini ergänzte, dass mein Pilger-Projekt an Energie verliere, wenn er mich finanziell unterstütze, dass es eine falsche Entwicklung sei, sich sein Leben sponsern zu lassen. Aber er garantierte mir, Lösegeld zu zahlen, wenn ich gekidnappt werden würde. I'm not kidding. True story! – Das Telefonat mit ihm hat mich hart auf dem Boden der kapitalistischen Realität aufprallen lassen. Aber ich habe mich nicht unterkriegen lassen und dann tatsächlich noch am selben Tag eine Sponsor-Zusage von der Bergwelten.com-Redaktion erhalten.

Die Abmachung war, vier Artikel zu schreiben und ein Instagram-Takeover aus meinem Instagram-Ärmel zu schütteln. Ein absoluter Traumpartner, der mir durch diesen Vertrauensvorschuss half und mir obendrein noch eine Finanzspritze zukommen ließ.

Dann war da auch noch das nährstoffreiche buddhistische Magazin »Ursache&Wirkung«, meine lieben Steppenwölfe, die mich mit zwei Paar Wanderschuhen und einer Regenjacke ausgestattet haben. Und Tatonka, die mir eine Jacke plus Rucksack gesponsert haben.

Am 9. Juni 2017 aß ich noch eine Kleinigkeit mit meinen Freunden am Yppenplatz, schlief dank einem Bierchen wie ein Baby, und dann war er gekommen. Er, der Tag, der mein Leben maßgeblich veränderte.

Es geht los

10. Juni 2017
Kutschkermarkt – Gablitz
Nach einem kleinen, aber feinen Frühstück am Wiener Kutschkermarkt mit einer meiner ziemlich besten Freundinnen bin ich mit einem Croissant im Darm und japanischem Grüntee in der Blase in Richtung des 20 Kilometer entfernten Ortes Gablitz aufgebrochen. Trotz meines eingerosteten Orientierungssinns, aber mithilfe von Google Maps habe ich mich aufgemacht. Jeder Schritt hat sich richtig, richtig gut angefühlt. So gut, dass ich bereits beim ersten Schritt gedacht habe: »Angekommen!«

Einen Tag vor der Abreise habe ich noch beim Künstlerverein in Gablitz angerufen, ob denn die Möglichkeit bestehe, im Künstlerhaus zu übernachten. Das Gespräch mit der Verantwortlichen, Frau Wessely, ist in etwa so abgelaufen:

Wessely: »Wessely – ja, bitte? Was kann ich für Sie tun?«

Ich: »Es ist mir eine Freude, Frau Wessely! Mein Name ist Ernst Merkinger und ich habe eine Frage.«

Wessely: »Schießen Sie los!«

Ich: »Na ja, es ist so, Frau Wessely – ich bin Pilger und ich bräuchte am Samstag ein Platzerl zum Schlafen. Kann ich im Künstlerhaus übernachten?«

Wessely: »Nein, sicher nicht!«

Ich: »Ok?!«

Wessely: »... weil Sie müssen bei mir übernachten.«

Ich (erleichtert auflachend): »Ah, ok! Gut, das freut mich sehr!«

Und so vereinbarten wir, dass ich in etwa am späten Nachmittag ankommen werde.

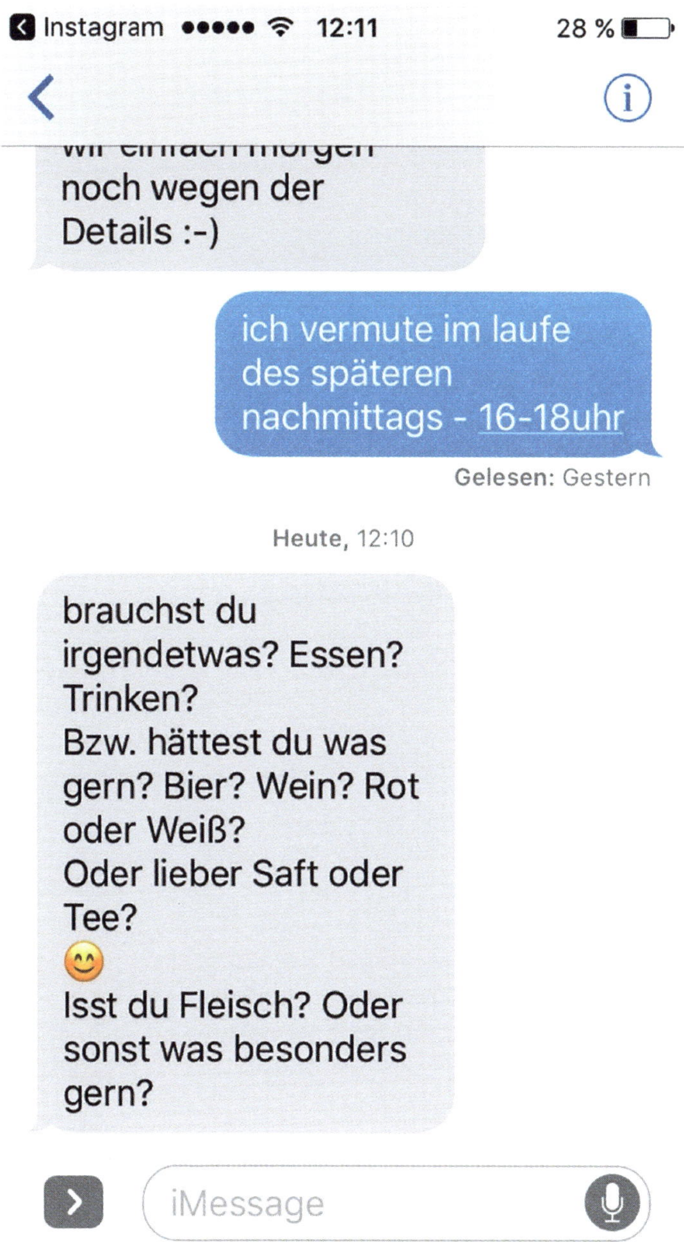
Instagram 12:11
28 %
noch wegen der Details :-)
ich vermute im laufe des späteren nachmittags - 16-18uhr
Gelesen: Gestern
Heute, 12:10
brauchst du irgendetwas? Essen? Trinken?
Bzw. hättest du was gern? Bier? Wein? Rot oder Weiß?
Oder lieber Saft oder Tee?
😊
Isst du Fleisch? Oder sonst was besonders gern?
iMessage

Und so geschieht es dann auch. Gegen 16.30 Uhr klopfe ich an Astrid Wesselys Haustür – eine strahlende, aber doch auch leicht gestresste Architektin öffnet. »Hier ist die Toilette, hier das Bad, hier ist die Küche, dort das Wohnzimmer, und auf der Couch darfst du schlafen. Du kannst dir zu essen nehmen, was auch immer du willst. Der Kühlschrank ist voll. Ich muss nur kurz meine Tochter abholen, bin in einer Stunde retour.«

Bevor ich mich überhaupt bedanken kann, ist sie schon über alle Berge. Ich ziehe meine verschwitzten Klamotten aus, lasse mir ein Vollbad ein und rubble mir den Pilgerschweiß vom Leib. Im Bad wasche ich mich richtiggehend kaiserlich und wäre fast in Ohnmacht gefallen, als ich feststelle, dass bereits unzählige Menschen meine Crowdfunding-Kampagne unterstützen.

Das Paket »Videonachricht von unterwegs« kommt besonders gut an. Manche haben gleich fünf Videonachrichten bestellt. Auch mein noch nicht fertiges Buch »Mein Leben ist eine Pilgerreise« ist ein »Bestseller« – zumindest bei meiner Crowdfunding-Kampagne.

Während ich noch im Bad meine Zehen mit Blasenpflaster verarzte, ist Astrid schon wieder zurück, sie steht in der Küche und kocht Lammfleisch mit Ofengemüse. Ich biete ihr an, in der Küche mitzuhelfen, aber sie winkt dankend ab. »Gut, auch recht«, denke ich mir und tippe stattdessen in die Tasten, um genau dieses Szenario schriftlich festzuhalten.

Nach 19 Uhr setzen wir uns auf den Balkon, trinken genüsslich ein Glaserl Rotwein und ein Bierchen und tauchen in einen schönen Dialog ein. Das Gespräch ist für sie so anregend, dass sie erklärt, mich finanziell unterstützen zu wollen. Doch bevor sie mir die angedachte Summe überweisen würde, wolle sie noch ihr zweites Haus verkaufen. Erst wenn dies alles unter Dach und Fach sei, werde sie sich an mich wenden. Leicht beschwipst und dankbar gehe ich an diesem Tag zu Bett.

Ich bin extrem erleichtert, da ich nach intensiven Vorbereitungen, Zusagen, Absagen und privaten Herausforderungen endlich mein Herzensprojekt gestartet habe – voller Hingabe und Gelassenheit.

Detail am Rande: Ich war über längere Zeit arbeitslos, oder nennen wir es »arbeitsfrei«. Ich bin dem AMS (Arbeitsmarktservice) und dem Team 4 (KünstlerInnenservice) sehr, sehr dankbar für die Unterstützung, die ich dort erfahren habe – insbesondere Fr. Steinmetz! Ihr Support, ihr Mitgefühl, die bereichernden Gespräche, die wir geführt haben. Ja, dank solcher Personen würde Arbeitslosigkeit womöglich sogar noch Spaß machen. Ok, das war jetzt gelogen.

Arbeitslos zu sein, ist kein Honiglecken. Ich hatte ständig das Gefühl, weniger wert zu sein. Fragen aus dem Umfeld: »Was machst du die ganze Zeit?«, »Hast du schon eine Arbeit in Aussicht?« oder »Ich mach mir Sorgen um deine Zukunft« erleichtern nicht zwingend die Situation.

Es war ein schmaler Grat, den ich in der Zeit der Arbeitslosigkeit gegangen bin, weil das Arbeitslosengeld durchaus zum Leben reicht – besonders für ein minimalistisch lebendes »Menschengfrast« meiner Kategorie. Doch zum Glück war meine Willenskraft, ein neues Abenteuer einzugehen, vorhanden und so habe ich die »Arbeitsfreiheit« genützt, um mir noch mehr Freiheit bzw. Unabhängigkeit zu schaffen.

Pure Glückseligkeit.

11. Juni 2017
Gablitz – Herzogenburg

Ich stehe am Morgen früh auf, im Wissen, dass es tagsüber 30 bis 40 Grad im Schatten geben wird und eine knackige 40-Kilometer-Tour auf mich wartet. Erste Anzeichen von Blasen ignoriere ich, was sich die folgenden Tage rächen wird. Alles verläuft so weit ziemlich easy – ich »fliege«. Weil unter anderem BeGEHgnungen stattfinden, die das Pilgern auszeichnen.

Ein Autofahrer bleibt vor einem Kreisverkehr stehen und fragt: »Willst du mit mir mitfahren?« Ich lache laut auf und sage: »Ja, aber nur, wenn du mich nach Marokko kutschierst.« Wir beide platzen fast vor Lachen, weil die Situation so absurd erscheint. Bin ich doch erst 30 von insgesamt 3476 Kilometern marschiert. Ich bedanke mich herzlichst bei ihm, erzähle ihm von meinem Vorhaben und ziehe weiter. Auch er fährt wieder seiner Wege. Noch ohne fixe Schlafplatz-Zusage, wo ich die Nacht in Herzogenburg verbringen soll, ruft mich just mein Freund Bruder Engelbert an, ob ich denn bei ihm schlafen möchte.

Bruder Engelbert – Ein Engel & ein Bert

Pensionierter Priester, ehemaliger Gefängnisseelsorger in Stein an der Donau. Wenn er spricht, dann sind alle still und hören zu. In seiner Nähe fühlt man sich wohl. Nicht ohne Grund haben sich unzählige katholische Scheingläubige in ihn »verliebt«. Sie erhoffen, ihn baldigst wieder in ihrer Gemeinde predigen zu hören, so wie damals in meiner ehemaligen Heimatgemeinde Weistrach, wo wir uns anlässlich des Mostkirtags kennengelernt haben. An jenem Tag habe ich ihn gefragt, ob er sich denn mit mir einmal auf einen Kaffee treffen möchte. Seit diesem Treffen telefonieren wir zumindest einmal wöchentlich und treffen uns ein paar Mal im Jahr.

Engelbert ist mehr als nur ein 08/15-Priester – die Titel Lehrer, Freund, Bruder, Onkel oder Vater würden ihm viel besser stehen. Er ist ein echtes Original. Ein Mann mit Format und einer der wenigen katholischen Priester mit Horizont, mit Weitblick, mit Gespür.

Sein Äußeres täuscht. Groß, mächtig, muskulös. Er gleicht mehr einem Eisenbahnlokführer als einem Priester, geschweige denn einem Gefängnisseelsorger, der er ganze zehn Jahre lang war. Bis zu jenem Tag, an dem ihm der Satan am Lago Maggiore seine Familienangehörigen weggenommen hat. Ja, Sie haben richtig gelesen: seine Familienangehörigen.

Aufgewachsen ist Bruder Engelbert in einem niederösterreichischen Dörfchen nahe dem Mekka der Katholiken, dem Stift Melk. So klein das Dorf auch sein mag, die Jagdvilla seines Vaters ist umso größer. Pompös, sowohl außen als auch innen. Geschmückt mit wertvollen Bildern aus dem 19. Jahrhundert, antikem Geschirr, persischen Teppichen und mehreren Krickeln (Geweih). Engelbert kommt, wie Sie rauslesen können, aus einer wohlsituierten Familie. Sein Vater ein erfolgreicher Rechtsanwalt – und seine Mutter? Mutter und Lehrerin!

»Nomen est omen« trifft bei Engelbert keinesfalls zu. Er war stets mehr ein Bert als ein Engel – er war ein Gfrast und ein Rotzbua. Wahrscheinlich musste er so sein, um später das Zölibat leichter ertragen zu können?!

Der Plan lautet: Engelbert holt mich von Herzogenburg ab und schupft mich am nächsten Tag wieder retour. Bingo! Um Punkt 18 Uhr komme ich beim Stift an, wo er mich freudestrahlend empfängt und mir links und rechts ein brüderliches Busserl draufdrückt. »Guat schaust aus!« »Du auch, Hochwürden!«

Wir schmausen eine Portion Burger, Chips, Bier und Cola. Jeder Bissen ist ein Genuss. Auf dem Weg Richtung Kilb fahren wir zu Engelberts Villa. Pardon, zur Jägervilla! Wir plaudern über Gott und die Welt, aber primär über seine Jugendsünden, etwa seine Flucht vor der Polizei, weil diese gedacht hatte, er wollte eine Bank ausrauben, dabei wollte er nur fensterln. Ja, das ist mein Br. Engelbert – ein bissl ein Engel, aber auch ein bissl ein Bert schlummert in ihm.

Gegen 22 Uhr gehe ich zu Bett und telefoniere noch ausführlich mit meinen Liebsten. Anschließend fallen mir die Augen zu und ich schlafe dankbar ein. Dankbar dafür, dass ich nach der langen Zeit der Arbeitslosigkeit wieder Sinn erfahre. Anerkennung in Form von Worten, aber auch selbst verdientes Geld trudelt ein. Ja, ich habe das Gefühl, wieder Sinnstiftendes zu tun.

12. Juni 2017
Herzogenburg – Mautern an der Donau

Eine erholsame Tour, was die Strecke anbelangt. Doch erreicht mich ein Anruf, der mich aus allen Wolken fallen lässt. Die Agenturchefin und Organisatorin eines Events in Marrakesch, das in genau vier Monaten in André Hellers Anima Garten stattfinden soll, hat mir per E-Mail kommuniziert, dass ich raus sei. Ich hätte quasi als unentgeltlicher Botschafter dieses Events dienen sollen.

Ich bin ihr tatsächlich sehr dankbar, dass sie mich in meinen Gluteus maximus getreten hat. Dadurch bin ich bereits im Juni aufgebrochen und nicht erst im August, wie ursprünglich geplant. Somit wäre ich rechtzeitig beim Event aufgekreuzt. Ihre Meldung wenige Tage nach meinem Aufbruch war allerdings ein gewaltiger Rückschlag.

Ich setzte mich hin und war fassungslos. Die Agenturchefin war wegen meines Videoposts, in dem André Heller mir alles Gute für meine Reise wünscht, verärgert, weil ich sie als Mitfilmende bzw. den Event in Marrakesch nicht erwähnt habe. Daraufhin habe ich ihren Namen im Videopost ergänzt und sie angerufen. Nach einem kurzen Wortgefecht waren die Wogen relativ rasch wieder geglättet. »Thank God!«, dachte ich mir.

Gegen Nachmittag komme ich hungrig in Mautern an. Die Stadt wirkt ausgestorben an diesem Montag. Zum Glück treffe ich ein paar Kinder an, die mit mir Kirschen pflücken bzw. – to be honest – haben die Kinder Kirschen gepflückt und mich damit verköstigt. Obendrein haben sie mir verraten, dass sie zur Jungscharstunde gehen. Sie meinten, ich solle doch mitkommen, und Pater Clemens könne mir gewiss einen Schlafplatz im Haus der Pfarre anbieten.

An den Händen gepackt, schnappen sie mich und zeigen mir den Weg zum Pfarrhof.

Pater Clemens ist begeistert von meinem Vorhaben. Er beschenkt mich mit einem Eis, singt mit den Kids ein »Viel Glück und viel Segen auf all deinen Wegen« und betet mit mir einen »Rosenkranz«. Ja, ich bete mit ihm den Rosenkranz. Fühlt sich ungewohnt an. Ich kann mich gar nicht erinnern, wann ich das letzte Mal das Wort Rosenkranz in den Mund genommen habe. – Vermutlich bei der letzten Anti-FPÖ-Demo: »Mehr Akzeptanz, weniger Rosenkranz!«

Wie auch immer ... Pater Clemens zeigt mir den Schlafsaal und bringt mir Polster, die als Ersatz-Matratze dienen sollen. Und so tippe ich wieder in die Tasten und schlafe bald vor Erschöpfung vor laufendem Computer zu den Klängen von Beethovens 9. Sinfonie ein.

13. Juni 2017
Mautern an der Donau – Melk

Ich werde von Pater Clemens herzlich mit einem wohlschmeckenden Frühstück und mehreren Segenswünschen entlassen.

Entlang des Donauradwegs zu gehen, zieht sich wie ein alter Streifenkaugummi. Und ich muss tierisch aufpassen, dass mich überforderte, halb blinde Pensionisten mit ihren viel zu schnellen Elektrobikes nicht überfahren. Das ist kein Vorwurf, liebe pensionierte Leserinnen und Leser! Ich werde dem Google-Chef Sundar Pichai schreiben, dass er selbstfahrende Google-Bikes für euch produziere soll. Dann müsst ihr nicht nur nicht treten, sondern auch nicht mehr lenken, bremsen etc.

Nachdem ich mich wie ein echter Pilger-Stuntman auf dem Donauradweg durchgekämpft habe, stoße ich auf drei »überhaltsame« Bachelor-Absolventinnen, die ihren Abschluss zelebrieren. Eine willkommene Abwechslung! Die drei begleiten mich ein Stück entlang der Donau und teilen auf Instagram meine »ver-rückte« Idee, nach Marrakesch zu gehen.

Im Zentrum von Melk stoße ich auf ein herzliches Duo, Eve und Herbert. Herbert ist der Onkel einer Freundin von mir. Die beiden schließen mich sofort ins Herz, geben mir Horoskop-Tipps für mein Liebesleben und rufen auch noch Frau Schuberth an, die mir einen Schlafplatz im pompösen Kloster Melk organisiert. Der Zufall will es so, dass mir alles zufällt.

Ich verabschiede mich von Eve und Herbert und treffe beim Klostereingang Pater Felix an, der mich schon freudig erwartet. Er zeigt mir mein bescheidenes Zimmer mit Blick zum Springbrunnen im Innenhof und drückt mir einen »Zauberschlüssel« in die Hand, mit dem ich fast überall eintreten kann. Und so erkunde ich das Stift zu später Stunde. Es schreckt mich schon etwas ab, wenn ich den Reichtum der Kirche sehe. Ein Widerspruch in sich, wenn man bedenkt, dass der Papst Demut predigt.

»Man sollte die Amtskirche ersatzlos abschaffen. Papst Franziskus ist sicher ein guter Mensch, aber ich glaube ihm kein Wort, bis er die ungeheuren Reichtümer des Vatikans mit seinen Michelangelos und Raffaels verkauft und den Milliardenerlös an die Armen der Welt weitergibt. Denn was nützt es den verhungernden Kindern, wenn am Sonntag in der Messe gesungen und gebetet wird?«

Jean Ziegler, Soziologe und Globalisierungskritiker, auf die Frage, worauf seine Ablehnung der Amtskirche gründet.
(Aus: Tiroler Tageszeitung, Onlineausgabe, 3.5.2015)

Im Garten des Klosters Melk treffe ich eine herzliche Turnlehrerin mit ihrer Schulklasse. Sie erzählt mir, dass sie Angst um ihren Job hatte, als sie dem Abt mitteilte, ein uneheliches Kind zu haben. Sie durfte dann zum Glück weiterhin unterrichten. Wenn man sich als Religionslehrer scheiden lässt, kann es sein, dass man auch seinen Job loswird. Absurd. Ein bisschen verärgert gehe ich zu Bett und denke an eine Geschichte meines Großonkels Fred zurück:

Der Theologieprofessor, dem der Bischof den Arsch lecken durfte ...

Fridolin Stier (1902–1981) war Theologe, Bibelwissenschaftler, ein begeisterter und begeisternder Lehrer. Er hat das Neue Testament originell übersetzt, von den klerikalen Schönungen und Verlogenheiten befreit. Und er hatte, wie die meisten seiner priesterlichen Kollegen an der Theologischen Fakultät der Universität Tübingen, eine junge Freundin. Er hatte mit ihr auch ein Kind. Tragischerweise verunglückte seine Freundin tödlich und er nahm das etwa vier Jahre alte Kind selbstverständlich zu sich in seine Wohnung auf. Tags darauf kam ein Pfäfflein zu ihm, vom Bischof beauftragt, der ihm Folgendes mitteilte: Er müsse das Kind sofort in ein dafür vorgesehenes Kloster geben, sonst dürfe er nicht mehr an der Universität unterrichten. Fridolin Stier lehnte das energisch ab, er verlor seinen Job und behielt sein Kind. Von den Fakultätskollegen bekam er keinerlei solidarische Unterstützung. Deshalb entschied er testamentarisch, dass sein Leichnam verkehrt, mit dem Bauch nach unten, in den Sarg gelegt werden solle, damit ihm der Bischof und die scheinheiligen Kollegen der Theologischen Fakultät den Arsch lecken können!

14. Juni 2017
Melk – Persenbeug

Am Frühstückstisch treffe ich auf die Schweizer Siegfried und seine Frau Christine, oder wie ich sie liebevoll nennen darf: »Siegestine«. Siegfried arbeitet bei Nestlé und will mich mit seinem Ex-Chef, Peter Brabeck-Letmathe, verbinden, damit ich eventuell einen Sponsoren-Zuschuss bekomme. Wenn er bloß wüsste, dass ich auf Instagram vor Kurzem Jean Ziegler zitiert habe, dann hätte er mir dies wohl nicht angeboten. Jean Ziegler ist ein – ja, ich will fast sagen – Nestlé-Hater! Und ich bin ein Nestlé-Verweigerer, weil ich nicht nur in ein Wahllokal wählen gehe, sondern auch in den Supermärkten kleine Unternehmen und Bauern aus der Region wähle. Jeder Tag ist ein Wahltag. Bei der Konsum-WAHL, bei der zwischenmenschlichen Wort-WAHL, bei der Berufs-WAHL etc.

Politiker haben hier eine herausragende Verantwortung und sollten dieser nach bestem Wissen und Gewissen gleichermaßen gerecht werden. Allerdings habe ich versucht mir das pathologische »Zeigefinger-Denken« abzugewöhnen und trete mir stattdessen selbst immer wieder in meinen Gluteus maximus.

Erheitert und frisch geduscht mache ich mich auf. Auf in Richtung Süden, wobei – eigentlich Westen. Zu Mittag kehre ich in einem Lebensmittelladen ein, pardon »Nahrungs«mittelladen (die meiste Nahrung ist ja mittlerweile tot). Semmerl mit Käse. Schokocroissant. Maissalat. Wasser.

Während ich im Laden die Speisen hungrig runterwürge (Achtsamkeit, wo bist du?), geht ein Wanderer flotten Schrittes an mir vorbei. Ist es ein Wanderer oder doch ein Pilger? Ich weiß es nicht. Ich schlucke hastig runter und rufe: »Buen camino!« Aber er hört mich nicht. Noch hastiger als zuvor stopfe ich das Essen in meinen Rucksack, packe meine Sachen und eile ihm nach. Nach drei Kilometern setzt er sich nieder und ich frage ihn: »Bist du ein Pilger?« Er antwortet: »Sorry, I speak English!« »Are you a pilgrim?« »Yes, I am!«

Tee trinken bis zum Abwinken.

Meine erste Pilgerbekanntschaft, und dann gleich ein ähnlicher Tee-Freak wie ich.

Jakob ist aus Bratislava. Ehemaliger Teeverkäufer. – Teeverkäufer! Ich liebe Tee. Was für ein Zufall wiederum. Obendrein hat er, genauso wie ich, tonnenweise Grün- und Schwarztee mit. (Ja, Sie haben richtig gelesen. Ich gehe zumindest nie ohne meinen Grüntee außer Haus. Es könnte ja sein, dass ich sonst um 7 Uhr morgens oder um 15 Uhr meine Blase nicht mit Tee wärmen könnte. Merke: Wenn Du mich je einlädst, dann ja keinen Nussstrudel auftischen oder einen Strudel, der Reste von Nüssen enthält, dafür aber einen feinen Grüntee servieren. Ja, dann hast Du schon mal richtig, richtig viel richtig gemacht und zumindest 20 meiner 30 dag gewonnen ...).

Jakob ist in seinem Leben ebenso bereits mehrmals gepilgert. Herrlich! Was für ein Geschenk. Wir unterhalten uns großartig. Er öffnet sich von der ersten Sekunde an und erzählt mir seine Sorgen. Er hat die Verbundenheit zu seinem Selbst verloren, zu seiner Quelle. Darüber hinaus ist er schwer verliebt und vermisst seine Freundin. Ich erkenne, dass er sich riesig freut, mich getroffen zu haben, da er die letzten Tage keinen Gesprächspartner hatte und etwas vereinsamt wirkt.

In Persenbeug angekommen, versuchen wir unser Glück beim Schloss der Habsburger. Warum denn nicht auch als Pilger bei den Habsburgern übernachten? Einen Versuch ist es allemal wert, weil – Platz genug haben sie ja. Doch vergebens. Etwas harsch werden wir abgewiesen und versuchen es stattdessen beim – richtig! – Pfarrhof. Doch dort finden wir keinen Pfarrer vor, vielmehr hilft uns der Nachbar, Leo.

Leo ist ein Lehrer aus Baden und kennt zufälligerweise, wie sich später herausstellt, meinen Vater. Leo öffnet die Türen für uns, reicht uns Bier und Kirschkuchen und überlässt uns das Haus seiner verstorbenen Mutter. Jakob und ich trinken Jakobs Schwarztee, Leos Bierchen und meinen Grüntee. Genau in dieser Reihenfolge kippen wir Tee und Bier. Anschließend tippe ich noch in die Tasten. Jakob schreibt ebenfalls seine Gedanken nieder und schließlich und endlich teilen wir uns das Doppelbett von der verstorbenen Leo-Mama. Gott hab sie selig! Und Gott schütze Leo und vor allem seinen hervorragenden Kirschkuchen. Ich sag Ihnen was, wahrscheinlich der beste Kirschkuchen, den ich je gegessen habe.

Lieber Leo, falls du tatsächlich nichts Besseres zu tun haben solltest und diese Zeilen jemals liest, und falls du deinen Job jemals an den Nagel hängen willst, dann werde doch Kirschkuchen-Verkäufer! Ich würde dich auf all meinen Kanälen bewerben. Großes Kirschkuchen-Indianer-Ehrenwort!

Leo, der Mann, der eigentlich Konditor und nicht Religionslehrer sein sollte.

15. Juni 2017
Persenbeug – Zeillern

Jakob und ich haben uns früh am Morgen auf den Weg Richtung Zeillern gemacht. Dabei ist nichts Großartiges, Herausragendes, Weltbewegendes passiert – nur ein paar überfahrene Igel, Kröten, viel Müll entlang der Straße, und eine Freundin hat mich angerufen und mir erzählt, dass sie Halsweh habe.

Wobei – da war doch etwas Besonderes: Wir werden immer noch auf Händen getragen – immer noch. Und ich muss ehrlich gestehen, man muss aufpassen, sich nicht zu sehr daran zu gewöhnen.

In Zeillern angekommen, lässt uns Pastoralassistent Kammerhuber in das Pilgerzimmer eintreten. Er unterhält sich mit mir gewiss dreißig Minuten lang über Gott und die Welt UND über meinen Vater, den er schon seit Jahren als Fachinspektor sehr zu schätzen weiß. Na bumsti, mein Vater scheint ja ein bekannter Kerl in der Welt der Katholiken zu sein. (Notiz für mich: Schreibe nichts Kirchenkritisches in das Buch. – Zu spät!)

Ich dusche, reinige meine Wäsche und mache mich auf die Suche nach einem Heurigen oder Gasthof. Blöderweise hat zu Fronleichnam jedes Schnabulierlokal geschlossen. Damn it! Tja, da hilft nur eins: Nochmals auf Nummer sicher gehen und Einheimische befragen. Drei »Zeilleranten« sitzen in einem Garten bei Spritzer und Rotwein. Ich denke mir: »Ausgezeichnet! Vielleicht können die mir ja weiterhelfen.« Sie empfehlen mir, eine Pizza in Amstetten zu bestellen. Dankend verabschiede ich mich und bewege mich wieder retour Richtung Pfarrhof, um den Ratschlag zu befolgen.

Auf dem Weg dorthin treffe ich Andi, einen IT-Experten. Er fackelt nicht lange und lädt mich in seinen Garten ein, sammelt seine Eltern, Kinder und Frau zusammen und stellt Speck, Käse, Brot, Eierspeise, Gurkerln und ein Sechzehnerblech auf den Tisch. Halleluja! Das ist genau das, was ich nach diesem heißen Tag noch gebraucht habe.

Zufrieden kehre ich zurück zu meiner Schlafstätte, wo Jakob bereits gespannt auf mich gewartet und Schwarztee zubereitet hat.

Hab ich das wirklich verdient, lieber Gott? Wie auch immer, lieber Gott! Ich nehme dies dankend an.

Morgen erwartet mich meine geliebte Heimatgemeinde: Weistrach! Meine Lieblingsmama hat mich bereits gefragt, was ich denn essen möchte. »Reis, Gemüse – that's it. Ich kann kein Fleisch mehr sehen. Aber bitte nicht zu viel Aufwand!«

16. Juni 2017
Zeillern – Weistrach

Heute steht ein besonderer Tag an. Ich komme zum ersten Mal in meinem Leben zu Fuß aus Wien zu Hause in Weistrach an. Wunderschön. Der Tag geht relativ rasch vorüber, weil Uschi Wolf, die Schwägerin in spe meiner Schwester, spontan ein paar Fotos mit mir macht und für lautes Gelächter entlang des Wegs sorgt.

Bei der Fröschlkapelle oder beim Pferdehof meines Onkels vorbeizugehen, fühlt sich sehr besonders an. Das sind Passagen, die ich sonst mit meinem Hund Samy in Jugendtagen spazierend oder laufend gespurt habe.

Meine Mutter erwartet mich, wie vereinbart, mit einem feinen Gemüsereis, Salzburger Nockerln und zahlreichen Geschenken – Blasenpflaster, Socken, Zahnbürste, Gel etc.

Nach der kulinarischen Stärkung mache ich mich auf zu meinen Großeltern, um ihnen die digitalisierten 8mm-Aufnahmen von Marokko 1970 zu zeigen. Sie sind begeistert. Mein Opa ist generell ergriffen von meinem Vorhaben und schlägt vor, am nächsten Tag mit mir mitzupilgern. Gesagt, getan.

Sterben der Hausverstand und die Herzensbildung, stirbt die Biene, stirbt der Mensch.

17. Juni 2017
Weistrach – St. Ulrich/Steyr
Mali-Opa wartet gespannt im Ort auf Papa und mich. Mein Opa war und ist immer noch ein sehr engagierter Bürger, der versucht, der Natur zu dienen, und er setzt sich für eine enkeltaugliche Umweltpolitik ein. Er ist ein Vorbild für mich, weil er immer mit seiner Genauigkeit, Witz und Gelassenheit versucht hat, Menschen für das Wunder Natur zu sensibilisieren. Seine Art war besonders die letzten Jahre prägend für mich. Nicht zuletzt deswegen habe ich einen offenen Brief über das Bienensterben an die niederösterreichische Landeshauptfrau Johanna Mikl-Leitner geschrieben und diesen meinem Opa während des gemeinsamen Gehens vorgelesen:

Werte Frau Mikl-Leitner,

»*Wir fragen uns heute, wie solche sinnlosen Gemetzel wie in den beiden Weltkriegen möglich waren. Und genauso wird man sich in Zukunft einmal fragen, warum die Menschen nichts für den Umweltschutz getan und einfach weitergelebt haben.*« (Hugo Portisch)

Ich musste zu Ostern an dieses Zitat denken, als mir ein Imker aus Weistrach (Bezirk Amstetten) seine fünf leeren Bienenstöcke gezeigt hat. 250.000 Bienen tot. Mausetot! Daraufhin habe ich den Obmann des Weistracher Imkervereins angerufen. Dieser hat mir erzählt, dass 22 Bienenstöcke leer zurückgelassen wurden, aus nicht erklärbaren Gründen.

Der Imkermeister des Bezirks Amstetten hat mir ähnliche Szenarien geschildert. Er schätzt, dass 2017 40 bis 60 Prozent der Bienenvölker im Raum Amstetten verendet sind. Das gab es noch nie zuvor in dieser angsteinflößenden Dimension. Den Ursachen sind bis dato kaum Imker auf den Grund gegangen, weil das Land NÖ keine finanziellen Unterstützungen bereitgestellt hat.

Das wollte ich nicht wahrhaben und rief daraufhin beim Mann meines Vertrauens an, Albert Schittenhelm. Er ist Präsident des

Landesverbands für Bienenzucht in Wien. Auf die Frage nach den Ausfällen in NÖ hat er mir folgendes Statement abgegeben: »Das Immunsystem der Bienen ist heute das gleiche wie früher, aber die Allgemeinbelastung ist eine höhere. Es liegt in der Natur der Sache, dass zehn Prozent der Bienenvölker den Winter nicht überleben. Von 2016 auf 2017 sind bis zu zwanzig Prozent der Bienenvölker in Wien (man setzt hier auf biologische Düngemittel) und mehr als vierzig Prozent in Niederösterreich verendet.

Das Problem liegt nicht nur bei den eingesetzten Pestiziden, Herbiziden, den Monokulturen, sondern auch bei den Imkern selbst, die eine nicht adäquate Varroa-Behandlung durchführen. Die Imker müssen ihre Strategien, was die Varroa-Behandlung betrifft, ändern. Anfänger kommen mit der Varroamilbe zumeist besser klar als die meisten Alteingesessenen.

Bienenverluste sind sehr oft hausgemacht. Warum kommen sonst jedes Jahr viele Imker mit fast allen Bienenvölkern über den Winter, andere jedoch fast nie? Zugegebenermaßen gibt es da allerdings gebietsweise Unterschiede.

Weiters hat mir Herr Schittenhelm empfohlen, Frau Dipl.-Ing. Hemma Köglberger von der AGES (Österreichische Agentur für Gesundheit und Ernährungssicherheit) zu kontaktieren. Sie hat darauf hingewiesen, dass es keine finanzielle Unterstützung vonseiten des Landes oder Bundes gibt, um der Ursache auf die Schliche zu kommen. Sie empfiehlt allen Imkern, die toten Bienen nach dem Auffinden zu fotografieren, Stuhlproben zu nehmen, Honigwaben auszuschneiden, alle Proben anschließend einzufrieren und dann mit Dr. Josef Mayr von der AGES abzuklären, inwiefern eine finanziell tragbare, wissenschaftlich fundierte Aufklärung möglich ist. Fragen kostet ja bekanntermaßen nix.

Gleich vorweg – ich will keiner Landwirtin und keinem Landwirt etwas ankreiden, dazu fehlen mir die Fakten. Aber der Schnittpunkt zwischen Schädel und Bauchnabel sagt mir: »Neonicotinoide, Glyphosat oder andere abscheuliche Mittel haben auf den Feldern nichts verloren.« Dafür brauch ich kein erleuchteter Christ, kein Greenpeace-Aktivist, kein Grün-Wähler oder Verschwörungstheoretiker zu sein.

Es ist in ländlichen Breitengraden keine Seltenheit, dass das Wort »Friede« großgeschrieben wird bzw. großer Wert darauf gelegt wird. Ist auch richtig und wichtig so. ABER in jenem pathologischen »Friedenszustand« fördert dies keineswegs den Fortschritt, wenn nicht offen über derartig essenzielle Themen fruchtbar diskutiert wird. Wie Ihr ÖVP-Freund und Bürgermeister der Gemeinde Weistrach akkurat auf der Webseite schreibt: »Weistrach liegt im Herzen des Mostviertels, ... geprägt von typischen Vierkanthöfen mit landwirtschaftlichen Strukturen, umgeben von tausenden Mostobstbäumen, welche ein JUWEL unserer Kulturlandschaft darstellen.«

Ich bin mit dem geschätzten Bürgermeister d'accord – die Mostobstbäume sind ein JUWEL. Ein Juwel ist etwas Kostbares, ein Schmuckstück, und mit Schmuckstücken geht man, meines Wissens, achtsam um. Achtsamkeit, die im Mostviertel spürbar abhandengekommen ist durch die Gier nach mehr Profit, mehr Hab und Gut, was kurzfristig durch intensive Handhabung auch möglich ist, aber wie lange noch?! Aber nicht nur spürbar, sondern auch ersichtlich, wenn man an Wanderwegen spürt, dass Landwirte um jeden Millimeter beim Ackern feilschen. Zwischen Wanderweg und Ackerland sind oft nur wenige Zentimeter Trennlinie.

Wussten Sie über diese Wunder der Natur Bescheid?

... dass die Bestäubung der Frühjahrsblüher (Obst) zu 95 Prozent den Bienen zu verdanken ist?

... dass ein Bienenvolk im Sommer etwa 60.000 Arbeitsbienen hat?

... dass eine Biene in ihrem Leben 8000 km zurücklegt?

... dass, um ein Kilo Honig zu sammeln, bis zu 10 Millionen Blüten besucht werden?

... dass die Königin im Jahr etwa 200.000 Eier legt?

Weiters schreibt Ihr ÖVP-Kollege: »... Weistrach ist trotz des rasch fortschreitenden Strukturwandels ein Ort mit Lebensqualität geblieben ...« Wenn wir das Sterben der Bienen nicht ernst nehmen und nicht lösungsorientiert agieren – wir sollten auf nachhaltige Bewirtschaftung bauen –, dann mache ich mir nicht nur um meine Kinder, sondern auch um Ihre Enkelkinder Sorgen, dass sie das Mostviertel bzw. das Land Niederösterreich nicht mehr so vorfinden, wie wir es in unserer Kindheit erleben durften.

Bitte legen Sie Ihren parteipolitischen Mantel ab und fragen Sie sich, ob Ihr Gefühl sagt: »Ja, ich will Fördergelder zur Aufklärung des Bienensterbens zur Verfügung stellen, enkeltaugliche Umweltpolitik in NÖ an den Tag legen, anderen Bundesländern als Vorbild dienen und GEMEINSAM anpacken (dies war ja ein bekannter ÖVP-Slogan: »Gemeinsam leben. Gemeinsam anpacken«). Oder sagt Ihr Gefühl: »Ja, ich will genauso weitermachen, meine Amtsperiode ohne aufreibende Diskussionen überleben, und die Weistracherinnen und Weistracher sollen in 20 Jahren mal mit Wattestäbchen die Kulturlandschaft aufrechterhalten, dann gibt's wenigstens Arbeit für die Bürgerinnen und Bürger.«

Ich freue mich auf Ihre Antwort!

Ernst Merkinger

PS: Diese Kritik ist nicht nur an Sie, nicht nur an die Niederösterreicherinnen und Niederösterreicher, sondern an jeden einzelnen Homo sapiens gerichtet, der ihrer oder seiner Weisheit gerecht werden soll. Wir sitzen alle in einem Boot, das im Moment der Titanic ähnelt, und auf diesem Schiff müssen wir GEMEINSAM Verantwortung für unsere Kinder und Kindeskinder übernehmen, denn ohne Biene keine Bestäubung. Ohne Bestäubung kein Leben.

Opa ist begeistert und stolz zugleich. Er unterbricht mich beim Vorlesen außergewöhnlich oft, weil ihm meine Wortwahl so gefällt. Ich genieße die Zeit mit meinem Großvater, aber auch mit meinem Vater sehr, der wortwörtlich gesagt hat, dass er mich mittlerweile als Freund wahrnimmt. ENDLICH! Ich habe diesen Tag, an dem mein Vater und ich uns auf Augenhöhe begegnen, so sehr herbeigesehnt. Das alles gibt Kraft, Kraft für meine kommenden Wochen und Monate des Pilgerns.

Opa geht mit seinen 78 Jahren bis zur Kaiserin-Elisabeth-Warte hoch und dann wieder über die Mountainbike-Strecke retour Richtung Weistrach. Doch bevor er aufbricht, halten wir inne und bei mir poppt ein Gedanke auf, den ich ihm immer schon einmal sagen wollte. Nämlich dass ich ihm und seiner Mali dankbar bin, dass sie mir eine Ahnung davon geben, was gelebte, bedingungslose Liebe in einer Ehe bzw. Beziehung bedeutet, und dass man auf so etwas Romantisches wie ewige Liebe durchaus hoffen darf. Die Zärtlichkeit, die die beiden immer wieder an den Tag legen, ist für mich als Enkelkind stets eine Inspiration. Als ich ihm dies so offenherzig anvertraue, kehrt Schweigen ein. Keine peinliche Stille, sondern ein Schweigen, das seine Ergriffenheit spürbar zur Geltung bringt.

18. Juni 2017
St. Ulrich/Steyr – Nußbach

Start: 7 Uhr, Berggasthof Schoiber. Um 7.30 Uhr läutet das Stupid-Phone. »Hallo, darf ich mit dir mitgehen?« – Es ist Carmen. Carmen ist Bloggerin.

Carmen ist über Instagram auf mich aufmerksam geworden und will einen Beitrag über meine Pilgerreise schreiben. Aus dem geplanten 30-Minuten-Spaziergang wird ein Zwei-Stunden-Hatscher. Dabei finden Tiefgang und Erheiterung auf allen Ebenen statt. Zum Abschied schenkt sie mir eine selbst gemachte Fichtensalbe. Ich liebe selbst gemachte Fichtensalben, und ach ja, ich liebe Pilgern – hab ich das schon einmal erwähnt?

Nach einem heißen Tag komme ich schließlich in Nußbach an. Auf einmal läutet schon wieder mein StupidPhone. »Merkinger! Servas! Walter hier! Meine Gnädige und ich wären gerade auf dem Weg Richtung Nußbach und würden gern ein paar Drohnenshots für dich machen.« Begeistert willige ich ein und freue mich auf das Kommen von Walter und seiner Freundin Silvi.

Unfassbar! Der Ex-Schulkollege meiner Schwester hat mein Vorhaben über Facebook und mittlerweile auch über Instagram mitverfolgt und will mich unterstützen. Nicht nur mit seinen Drohnenshots, sondern auch mit Bier und Eis kreuzt er auf. Kurz überlege ich mir, ob ich seiner Freundin und ihm einen Heiratsantrag machen soll. Aber da ich die nächsten vier Monate unterwegs sein werde, überdenke ich das Szenario noch einmal.

Nachdem alles im Kasten ist, die Biere geleert sind und das Eis in unseren Därmen gelandet ist, kreuzt mein Cousin Matthias auf. »Ich wollte dir nochmals persönlich alles Gute für deine Reise wünschen.« Obendrein wollte er mich mit seinem GPS-Tracker ausstatten, der mir Abhilfe in Worst-Case-Situationen geben sollte. Lieb von ihm, aber ich vertraue auf das, was kommen mag, und will meinen 16 kg schweren Rucksack nicht mit zusätzlichen Grammen erschweren.

Wenige Minuten später kreuzt auf einmal jemand auf und unterbricht uns. Er, der Gregor, der Weltenwanderer, der Inspirator, der die Sehnsucht zum Pilgern in mir ausgelöst hat. Ich verabschiede mich von Matthias mit einer herzlichen Umarmung und widme mich Gregor.

Im Windschatten des Weltenwanderers

Der Bestsellerautor, Weltenwanderer und Witzlandschaftspfleger Gregor Sieböck hat mir sein höchstes Gut, nämlich seine Zeit, geschenkt und noch dazu seine besten Schokoladentafeln aus seiner Schoko-Lade, von dunkler Zotter-Schokolade bis hin zu feinster peruanischer Schoki. So großzügig er nach außen ist, so bescheiden wohnt er in Nußbach bei seinem Vater und dessen Lebensgefährtin.

Küche und Schlafzimmer hat er für sich, der Rest (Bad, Häuschen und Abstellkammer) wird geshared. Sharing is Caring!

Gregor hat mich in seine Casa eingeladen. Ich nenne sie die »Casa Sieböckio«. Für einen Minimalisten wie mich ein absoluter Traum. Ich kenne mich bei Feng-Shui nicht aus, aber ich würde, wäre ich ein Feng-Shui-Experte, seine Räumlichkeiten mit 6 von 5 Sternen, einem »Feng Hui«, auf Airbnb bewerten und seine Lebensmittel in die Kategorie »SUPER Yummy« einordnen.

Kasten, Bett und Bücherregal entweder von GEA oder Grüne Erde (Schleichwerbung!), Honig aus den Tropen, Schokolade von Zotter und Grüntee aus den japanischen Urwäldern. Kurz gesagt: In seiner Anwesenheit und in diesem Umfeld muss man sich einfach wohlfühlen, ansonsten sollte man das nächste Krankenhaus aufsuchen.

Das Besondere an Gregor Sieböck ist, dass er kein Träumer, sondern ein Macher ist. Ein Macher, der durch sein Tun nicht nur Tausende mit seinen Büchern und Vorträgen inspiriert hat, sondern vor allem einen Weg für seine Nächsten geebnet hat, der zuvor in dieser Form nicht erkennbar war. Er ist ein Vorreiter oder besser gesagt ein »Vorgeher« der Pilgerkultur, noch bevor Hape Kerkeling überhaupt in die erste Pilgertoilette gepinkelt hat.

Gregorio, so darf ich meinen Pilger-»Bro« mittlerweile nennen, hat nicht nur einen herzhaften Lacher und einen verdammt guadn Schmäh, der ansteckend ist wie Scharlach, sondern über allem ein Herz, das definitiv mehr wiegt als die gewöhnlichen 30 dag eines Homo sapiens.

Originale dieser Sorte braucht der Planet Erde, und genau deswegen schätzen ihn so viele im deutschsprachigen Raum und darüber hinaus. Nicht ohne Grund hat er zweimal eine Audienz beim »Big Boss« der Buddhisten, dem Dalai Lama, bekommen, über Hunderte Vorträge gehalten und über 40.000 Bücher verkauft.

Wenn sich zwei Seelenverwandte und müde Krieger/Pilger treffen ...

Gregor Sieböck
Baujahr: 1976
Zivildienst in einem Straßenkinderprojekt in Ecuador.
Studium der Wirtschaftswissenschaften in Österreich, den USA und Kuba. Studium der Umweltwissenschaften in Schweden.
Projektassistent für das schwedische Energieministerium, für UNDP (United Nations Development Programme) und Global Environment Facility (GEF) in Sachen erneuerbare Energiequellen und Energieffizienz.
Seit 2003 WELTENwanderer, Pilger und Patagonien-Fan.

Einen Tipp, liebe Leserinnen und Leser, möchte ich Ihnen mitgeben: Fragen Sie Gregor niemals über Patagonien, wenn Sie es eilig haben. Seit er zum ersten Mal in Feuerland war, haben sein Fleisch und Blut Feuer gefangen, und wenn er einmal zu erzählen beginnt, wollen Sie mehr hören und er will noch viel mehr mitteilen.

Lieber Weltenwanderer, Inspirator, Impulsgeber, Pilger-Brudi und Freund, ich danke dir für deine – das Wertvollste, was du mir schenken konntest – Lebenszeit!

19. Juni 2017
Nußbach – Gmunden

Tagwache: 5.30 Uhr.

Gregor wohnt mitten im Paradies mit Blick auf den Traunstein. Ein Traun! ... Äh, ich meine, ein Traum! Wir wandern über Stock und Stein. Durch Wälder, ohne GPS, sondern mit Landkarte und Intuition. Er erzählt mir persönliche Geschichten, Erfahrungen und gibt mir Tipps zum Steuerausgleich oder wie man sich in der Liebe am einfachsten tut.

Ich habe wahrlich einen Freund gewonnen, der mich über Jahre hinweg inspiriert hat, und jetzt sagt er so Sachen wie: »Du bist mein Nachfolger« oder »Du inspirierst mich.« Obwohl er mich stets durch seine beseelende Art ergriffen hat. Eine Ehre wird wahr, die ich mir nie erträumen hätte lassen.

Auf dem Weg Richtung Gmunden machen wir einen Abstecher zur Firma »Grüne Erde« – zuerst zum Outlet und dann zu einem Meeting mit einer Angestellten des Unternehmens. Es gibt gefüllte Zucchini mit Salat und als Nachspeise ein Törtchen. Gregor lässt es sich nicht nehmen, mich einzuladen. Weil er selbst, wie er sagt, in seinem Leben als Pilger so häufig eingeladen worden sei, wird's Zeit, dass er einlädt.

Weiter geht die Reise nach Gmunden. Der Nachmittag verläuft etwas ruhiger, weil die Hitze mich ermüden lässt und weil wir immerhin über vierzig Kilometer »hatschen«. Gregorio, nach 20.000 Kilometern in seinen Füßen, ist immer noch flott wie ein Gepard, wobei ... Nein! Optisch ähnelt Gregor eher einem Wiesel. Und er ist so flott wie ein Wiesel. Ja, lassen wir das mal so stehen.

In Gmunden angekommen, schmausen wir und rufen Freunde an, die sich erkundigen, wie's denn so gehe. Mit Gregor geht's nicht. Mit Gregor läuft's.

Einen Schlafplatz habe ich für Gmunden/Altmünster nicht organisiert – wozu auch? Das ist das Spannende am Pilgern. Zu vertrauen, dass sich im nächsten Dorf schon eine Schlafstätte ergeben wird. Dieses Mal hat sich allerdings nichts ergeben. Deswegen haben wir uns für eine Nacht im Freien entschieden – im Park vor dem Schloss, auf den Bänken. HerrLich! (Das »L« wie Leo Hillinger oder wie ein echter Meidlinger betonen.) Gregor und ich müssen vor Lachen weinen. Und schlafen schließlich und endlich seelenruhig ein. Schon wieder so ein Traumtag. Lieber Gott, bitte brems dich ein wenig ein – wie soll sich das die nächsten Wochen und Monate noch steigern?!

20. Juni 2017
Gmunden – Bad Ischl

Vom Traunsee Richtung Bad Ischl bin ich achtsam (keine Angst, Mama!) unter anderem auf den Bahngleisen gegangen – nein, nicht gefahren! Keine Angst, liebe Shitstorm-Jäger, Herr Merkinger cheated nicht! Doch bevor ich wieder meinen geplanten, aber doch auch flexiblen Anima-Weg gefunden habe, musste ich mich durch Gestrüpp, Disteln und Himbeerstauden kämpfen. Dornen haben dafür gesorgt, dass ich aussah, als hätte mich eine Armada von Katzen attackiert.

Dieses Szenario hat mich an das Leben selbst erinnert, besonders an Menschen, die unkonventionelle Wege gehen, getrieben von Intuition und Hingabe, paniert mit Courage. Aber lassen Sie mich dies in bildlicher Sprache erklären:

Die weibliche Variante der »Institution Mainstream« nenne ich »Frau Himbeere«, die männliche »Herr Distel«. Also, der stechende Herr Distel und die fruchtige Frau Himbeere fühlen sich irritiert durch »Störenfriede«, die Wege beschreiten und bestreiten, die den ausgetretenen Pilgerpfaden nicht entsprechen. Sie drücken ihre Irritation durch Worte und Taten aus, die Spuren der Verwüstung bei den »Herzgehern« hinterlassen, weil diese sensibel sind und Offenherzigkeit an den Tag legen.

ABER, ABER, liebe couragierte »Zehen« da draußen, vor allem jene, die ihren Weg gehen – ihr habt Power, weil ihr Liebe lebt!

Diese Liebe zu leben, bedeutet unter Umständen aber auch, verletzbar zu sein, weil ja zumeist »Tag des offenen Herzens« ist. Diese geöffneten Türen stürmen sehr gerne Shitstorm-Jäger, Tratschtanten, Tratschonkel oder Langweiler, die nichts Besseres zu tun haben.

Ihr kennt das gewiss! Lasst euch nicht unterkriegen! Die Welt braucht Abenteurer, Herzmenschen, die Veränderung lebendig und konsequent vorleben und ihre Synapsen nicht in alten Mustern verstauben lassen.

Ich würde mir wünschen, dass kleine Schritte der Veränderung getan werden. Dass ein Plastiksackerl vom Boden aufgehoben wird, dass einem flüchtenden MENSCHEN die Seelentüre geöffnet und nicht zugeschmissen wird, dass nicht nur Nächstenliebe gepredigt, sondern auch gelebt wird, und dass nicht am Freitag auf Fleisch verzichtet wird, sondern umgekehrt, dass nur am Freitag Fleisch konsumiert wird. Ja, das wünsch ich mir, das darf ich mir auch wünschen. Aber tun Sie, was Sie nicht lassen können, liebe Leserinnen und Leser. Auch wenn es mir nicht Conchita Wurst ist! Ich tu ja auch, was ich nicht lassen kann. Eins darf ich mir aber bitte noch wünschen: »Nehmen Sie in Zukunft vermehrt Ihre 30 dag in die Hand!«

Auf dem Weg von Gmunden Richtung Bad Ischl ist mir Folgendes passiert: Ich klopfe an einer Haustür an, weil ich dringend mein Geschäft erledigen muss. Eine Pensionistin öffnet.

»Ja, bitte, was kann ich für Sie tun?«

»Geschätzte Frau, darf ich Ihre Toilette kurz aufsuchen? Es wäre dringend!«

»Du weckst mi vo mein Mittagsschlaferl auf, nur weil du gackn muasst?!«

PAUSE

Sie denkt kurz über das Gesagte nach …

PAUSE hält an

»Andererseits, gackn muass jeder! Selbst die Püger! Du bist ja a Püger, oder?!

»Ja, ich bin Pilger.«

»Guat, daunn kimm hoit eina …!«

Nach dem Entleeren meines Darms bleibe ich noch ein wenig. Sie legt mir Erdbeeren neben meinen Rucksack und erzählt mir ihre traumatischen Erlebnisse aus der Nazizeit.

In Bad Ischl angekommen, werde ich vom evangelischen Pfarrer Martin herzlich empfangen. Er ist in Eile, zeigt mir die Räumlichkeiten, meinen Schlafplatz, der sich im Jungscharraum befindet, überreicht mir 20 Euro und schildert mir den Weg zu einem chinesischen Restaurant.

In dieser evangelischen Gemeinschaft stehen ausnahmslos alle Tore offen – Gartentür, Haustür, Pfarrhoftür, Kirchentür und vor allem die Herzenstüren der Bewohner. Jeder Tag ist ein Tag der offenen Herzen.

Nachdem ich ausgepackt und geduscht habe, kehre ich zu meinem Schlafgemach zurück – und was finde ich vor?! Kekse! Kekse von Kindern, die sie mit mir teilen wollen. Während ich zum chinesischen Restaurant gehe, tippe ich all meine Gedanken in den Computer, die für den nächsten Eintrag auf meiner Website von Relevanz sein könnten. Müde falle ich schließlich ins Bett und freue mich auf den morgigen Tag.

Falls Sie in der Nähe von Bad Ischl sind und einen Pfarrer mit Herz und Hirn treffen wollen, dann besuchen Sie ihn doch.

21. Juni 2017
Bad Ischl – Gut Aich

Der Morgen beginnt herzlichst. Die Mitbewohner des Hauses bringen mir Frühstück vorbei, setzen sich zu mir, während ich die Kekse der Kinder, Marmeladebrot sowie meinen Grüntee genieße und Geschichten aus vergangenen Tagen erzähle.

Bevor ich mich Richtung Europakloster Gut Aich in St. Gilgen am Wolfgangsee aufmache, fragt mich Martin, ob er mich segnen dürfe. Ich freue mich, dass er mich fragt, weil viele katholische Pfarrer dies tun, ohne zu fragen. Doch bei Martin ist das anders. Martin ist anders. Und Martin isst wahrscheinlich auch anders. Martin legt seine Hände bedacht und mit einem angenehmen Druck auf meinen Kopf und spricht ein spontanes Segensgebet. Berührt durch seine Worte umarme ich ihn, gehe meines Wegs und rufe ihm nach, dass wir uns bestimmt bald wiedersehen werden.

Der Weg nach Gut Aich zieht sich. Nicht wegen der wunderschönen Landschaft, sondern wegen des Wetters. Es hat heiße 30 Grad und ist schwül wie in den Tropen. Zum Glück hilft mir die Landschaft dabei, die Strapazen halbwegs zu vergessen.

Pünktlich zur Abendandacht komme ich im Europakloster an. Anschließend treffe ich mich mit Marta, einer guten Freundin aus alten ServusTV-Tagen, im Gasthof Fürberg am Seeufer. Dort genieße ich die beste Fischsuppe auf Erden und ein nährstoffreiches Gespräch mit Marta.

22. Juni 2017
Pause in St. Gilgen

Ich stehe um 6 Uhr auf. Gehe in die Frühmette. Zum Abschied reiche ich Pfarrer Pausch nicht nur die Hand, sondern gebe ihm auch eine Umarmung.

Beim Frühstück erzähle ich einer etwa 50-jährigen »WWOOFERIN« (World-Wide Opportunities on Organic Farms), die schon öfter freiwillig auf Bauernhöfen, bei Weinernten und in Klöstern mitgearbeitet hat, von meinem Pilgerprojekt. Von meinem Herzensprojekt. Sie beginnt fast zu weinen, weil sie spürt, welch wichtiges Vorhaben dies für mich ist. Auf einmal huscht sie davon und ruft mir im Laufschritt zu: »Ich bin gleich wieder da!«

Nach fünf Minuten kehrt sie zurück, überreicht mir fünfzig Euro und wünscht mir eine gute Reise. Ich umarme sie und küsse sie auf die Wange. Ich habe mit vielem, aber nicht mit einer derartigen Großzügigkeit gerechnet.

Frohen Mutes gehe ich Richtung Ortskern St. Gilgen. Dort habe ich ein Quartier für Madeleine Alizadeh aka Dariadaria und mich reserviert, die Nacht auf Freitag. Als ich an der Tür der Familie Friedrich, vulgo Sonnwirtstöckl, anklopfe und die Besitzerin mir mit verkneiftem Blick begegnet, rechne ich mit Bad News.

»Wir haben leider Ihre Reservierung storniert, weil ein Gast zwei Nächte bleiben will und wir ihn präferiert haben.«

PAUSE

Ich setze meinen Dackelblick auf – wissend und aus Erfahrung schöpfend, dass dieser schon zu Kinderzeiten bei Mama und Papa gewirkt hat, wenn ich zum Beispiel unbedingt ein Wüstenrot-Salzburg-Match oder Kommissar Rex sehen wollte.

Und er wirkt wieder ...

»Wobei, vielleicht finden wir doch eine Lösung, aber das muss ich kurz mit meinem Mann besprechen. Warten Sie bitte einen kleinen Moment!«

Sie eilt in den ersten Stock zu ihrem Mann. Freudestrahlend kommt sie mit ihm an ihrer Seite retour. »Wir würden Sie gerne einladen. Allerdings nicht in den anderen Quartieren, sondern in unserem privaten Gästezimmer. Dies geht selbstverständlich alles aufs Haus!«

Aus einer anfänglichen Unter-raschung wird eine echte Über-raschung. Demütig nehme ich ihr Angebot an und greife mit meiner rechten Hand auf meinen linken Brustkorb. Ich umarme die beiden, als wären sie alte Bekannte aus vergangenen Tagen.

Von 9 bis 14 Uhr arbeite ich an Artikeln für meinen Blog und für das Bergwelten-Magazin, organisiere mich. Um 14 Uhr kommen Maddie und ihr Hund Mala an. Maddie freut sich auf einen Tag Auszeit, weil die letzten Wochen für sie sehr intensiv waren.

Nachdem sie sich frisch gemacht und Mala das Zimmer fertig beschnüffelt hat, machen wir uns auf, besorgen im Kaufhaus ein paar Snacks und verbringen den gesamten Nachmittag im Sonnwirtstöckl, schlafend, lachend, spielend und – nicht zu vergessen – mit Yoga. Die liebe Madeleine hat mich übrigens auf den süchtig machenden Geschmack von Yoga gebracht. Ein Fakt, für den ich ihr ewig dankbar bin. Yoga und Meditation waren auch Teil meiner Vorbereitung.

In diversen Interviews wurde ich immer wieder gefragt, wie ich mich auf die mehrmonatige Pilgerreise vorbereitet habe. Meine

Antwort: »Ich bin kein einziges Mal vorher wandern oder laufen gegangen, dafür bin ich regelmäßig in Wiener Yogastudios gepilgert und habe mich eine Woche bei einem Yoga-Retreat in Malaga (Spanien) mental und physisch auf meinen Marsch vorbereitet.

Yoga ist für mich der perfekte Ausgleich zum intensiven Alltag. Man praktiziert Yin-, Ashtanga-, Vinyasa Yoga, Hot Yoga ... und der Geist klärt sich wie von selbst, wie trübes Wasser in einem Glas, und überdies wird der Hintern so knackig wie eine Walnussschale. Die Organe werden durch die tiefe Atmung massiert und die Lungenflügel sind überrascht vom Potenzial der Spannweiten.

Maddie und ich gingen anschließend ausgiebig ins Restaurant Fürberg essen. Vier Bier, zwei große Portionen Pommes, eine Knödel-Trilogie und Eierschwammerl mit Spinatknödeln. Ach ja, und zwei »kleine« Marillenknödel. Ich bin nach diesem Abend nicht nur angefressen, sondern auch leicht betrunken. Der Pilger verträgt nicht mehr so viel wie früher. Alt wird er.

Auf dem Weg retour Richtung St. Gilgen genießen wir den Sonnenuntergang und tun, was Blogger eben so tun – Fotos machen.

Mein Lieblingsweg im Salzkammergut – von St. Gilgen Richtung Fürberg.

23. Juni 2017
St. Gilgen – Salzburg

Wir verabschieden uns herzlich von Frau Friedrich und lassen ihren Mann, der schon wieder fleißig unterwegs ist, ebenso herzlich grüßen. Dann gehen Maddie, Mala und ich wiederum getrennte Wege. Frauchen und Hund cruisen mit einem roten VW Golf Richtung Wien, während ich mich auf den Weg Richtung Salzburg begebe.

Auf diesem Weg gibt's ein Highlight. Kaufhaus Lang. Falls Sie je von St. Gilgen nach Salzburg fahren sollten, dann müssen Sie unbedingt dort halten. Es ist ein wahres Erlebnis. Man könnte meinen, eine Zeitmaschine hätte einen um fünfzig Jahre nach hinten manövriert. Ich will gar nicht zu viel verraten. Nehmen Sie sich einfach die Zeit, falls Sie in nächster Nähe sind. Ich garantiere Ihnen, es wird Sie überraschen, was das Land Salzburg alles zu bieten hat. Ich fülle meine »Akkus« mit selbst gemachten Bauernkrapfen und Leitungswasser.

Im Salzburger Stadtteil Nonntal angekommen, beginnt es zu regnen. Gott sei Dank erwischen mich wegen meines flotten Schrittes nur ein paar wenige Tropfen ... Max, mein alter Servus TV-Freund, empfängt mich liebevoll. Er schnappt meine Wäsche und päppelt mich auf. Das ist wahrlich ein Freund. Nach einem Powernap geht's schon wieder weiter Richtung Pizzeria, wo ich einen Termin mit einer Journalistin der Salzburger Nachrichten habe.

Eine Stunde darauf wartet eine Fotografin auf mich, die über Instagram auf mich gestoßen ist. Sie knipst und knipst und knipst wunderbare Fotos. Jeder, der mich schon einmal fotografiert hat, weiß, dass ich nicht der Fotogenste bin. Ganz im Gegenteil, aber dieses Mal bin ich sehr, sehr zufrieden, weil ich eben im Moment auch eine gewisse Zufriedenheit ausstrahle. Die Fotografin legt eine Feinfühligkeit an den Tag und ist mit einer Begabung gesegnet, aus mir genau das Richtige herauszukitzeln.

Nach gefühlten 1000 Fotoknipsern gehe ich mit meinem Freund Max zu einer inspirierenden Ausstellung einer Freundin, die sich neben ihrem Architekten-Dasein auch als Künstlerin versucht.

Meines Erachtens sollte sie sich nicht nur versuchen, sondern es auch beruflich ausleben. Ich bestaune ihre prachtvollen Bilder und lerne spannende Personen kennen, die primär aus Max' Freundeskreis stammen.

Um 23 Uhr werde ich etwas müde und gehe nach einem kurzen Zwischenstopp am Imbissstand – als Schlaftrunk gibt's ein Bierchen – über den Mönchsberg Richtung Nonntal »nach Hause«. Ab ins Bett oder besser gesagt: Ab aufs Sofa!

Gott hab den Max und seine hipster Wohnung selig.

24. Juni 2017
Salzburg – Unken

Mein Host Max und ich stehen früh auf. Stärken uns in einem Biokostladen mit Käseweckerl und veganen Riegeln. Er stellt mir verdammt gute Fragen, damit ich meinem Vorhaben noch klarer auf den Grund gehen und mein Seelenprojekt noch genauer artikulieren kann. Ja, genau so soll's sein.

Nach drei Stunden Walking stößt Hütti, meine Ex-Arbeitskollegin, dazu. Sie hebt die bereits gute Stimmung auf eine neue Ebene. Ihre Wort-Jonglagen und nicht enden wollenden Gags sind das, was mir nach meiner Kündigung bei ServusTV abgegangen ist. She is the funniest person on earth. Seriously! I love her, also ihren Humor. Nein, da ist wirklich, wirklich nie etwas zwischen uns gelaufen. I swear! Leider!

Somit vergeht die 34 Kilometer lange Wegstrecke wie im Flug. Angekommen in Unken, genehmige ich mir vor dem Kindergarten ein Schläfchen, anschließend wird wieder in die Tasten getippt. That's part of the game.

Ich rufe den Pfarrer der Gemeinde an, ob es eine Möglichkeit gibt, im Pfarrhof zu übernachten, aber er winkt sofort ab. Gut, dann wird eben heute wieder draußen geschlafen. Auch recht. Dafür gönne ich mir einen Curry-Reis beim Kirchenwirt. Hervorragend!

25. Juni 2017
Unken – Lofer

Heute morgen haben meine Augen zu schwitzen begonnen. Ja, auch Männeraugen können schwitzen ... Eine über 80-jährige Frau hat mir am Vorabend zugesehen, wie ich gerade meinen Schlafplatz im Freien vorbereitete. Und heute kreuzt sie mit hart gekochten, noch warmen Eiern, einem Apfel, Wurstbrot und Mannerschnitten auf. Diese liebenswerte Frau hat sich die Mühe gemacht, frühmorgens um 5.30 Uhr aufzustehen, mir ein Frühstück herzurichten und sich dann von ihrem Haus mit geschätzten 0,4 km/h und Stock zu mir zu begeben. Das ist wahrlich gelebte Nächstenliebe. Beflügelt durch diese Begegnung »fliege« ich nach Lofer. Dort angekommen, werde ich von Lisa herzlichst empfangen. Lisa und ich kennen uns, so wie Max und Hütti, aus ServusTV-Tagen. Wir erzählen einander Geschichten, die sich gewaschen haben: über Kündigungen, Zukunftsängste etc.

Am Abend wendet sich das Blatt und der Tag wird buchstäblich besch... – Durchfall. Übergeben. Schüttelfrost. Alles in einem. Ich habe in der Nacht mehr Zeit auf der Toilette als auf der Couch verbracht. Lisa kümmert sich fürsorglich um mich, damit ich wieder fit werde. Dennoch gilt am nächsten Tag: Break!

Beim Pilgern sind meine kulinarischen und ideologischen Ansprüche in der Kategorie »sehr genügsam« eingeordnet. Gegessen wird, was auf den Tisch kommt.

26. Juni 2017
Breakday

27. Juni 2017
Lofer – St. Johann in Tirol

Auf dem Weg Richtung Lofer mache ich bei einer Schnapsbrennerei halt. Ich werde nicht nur mit Holunderschnaps, sondern auch mit einem Käsebrot verköstigt und von Frau Feiersinger spontan mit einer Unterkunft versorgt. Ein Traum. – Der Zufall des Pilgerns oder die Magie des Pilgerns. Tag für Tag. Schritt für Schritt.

Allerdings hatten wir zunächst ein Problem: Der Mutter der Feiersingers wäre es nicht ganz geheuer gewesen, wenn ein Fremdling in ihrer Casa übernachtet hätte. Daher hat ihre Tochter sie ein wenig angeflunkert und gesagt, ein Freund aus alten Tagen komme zu Besuch. Die Mutter willigte damit problemlos ein und versprach obendrein, ein »Pilger-würdiges« Mittagessen zu kochen.

Am Nachmittag werde ich herzlich mit Reisfleisch und bester Unterhaltung empfangen. Ich bin müde und gönne mir ein »Mittagsschlaferl«. Arbeite anschließend und publiziere den Text über Gregor Sieböck. Kommt gut an. Kommt sogar sehr gut an! Über 2000 Unique Visitors auf meiner Webseite.

Als ich den Posteingang checke, stelle ich fest, dass Spiegel Online, die Süddeutsche, ORF Oberösterreich, die Tiroler Tageszeitung und die Tiroler Krone wegen eines Interviews angefragt haben. – What´s happening here?!

Am Abend werde ich zu einer Grillerei und einem exzessiven Umtrunk eingeladen. Mindestens zehn Schnäpse werden gekippt. Ja, die Feiersingers wissen eben, wie man feiert. Dementsprechend betrunken gehe ich zu Bett. Nicht zwingend eine weise Entscheidung, so viel zu trinken, wenn man bedenkt, dass ich vorgestern noch komplett »marod« auf Lisas Couch gelegen bin.

Es g'hern afoch mehr Blumen g'schenkt!

28. Juni 2017
St. Johann in Tirol – Wörgl

Du liebe Zeit, das war ein richtig »zacher Hatscher«! Der Vormittag hingegen landschaftlich ein wahrer Leckerbissen. Ich gehe den längeren Weg Richtung Kitzbühel, weil ich die Großmutter einer guten Freundin überraschen möchte. In Kirchbichl angekommen, habe ich ihr einen frisch gepflückten, bunten Wiesenblumenstrauß (siehe Foto) geschenkt. Sie war überrascht und ein wenig überfordert.

Tja, nach meiner Blumenstrauß-Überraschung wurde ich selbst überrascht – auf einmal steht Julia da. Die Miramonte-Julia. Eine unkomplizierte, ungeschminkte und humorvolle Hotelmanagerin aus Bad Gastein. Dort habe ich sie auch kennen- und schätzen gelernt.

Dass sie mich auf dem Weg in den Süden begleitet, ist wirklich herzerwärmend. Nach einem flotten 50-km-Marsch kommen wir in Wörgl an, komplett durchnässt und müde. Bevor sich Julia auf den Weg in die Heimat macht, verzehren wir noch einen Toast und Bier.

Anschließend habe ich folgende Mission auf dem Radar: »Sleepingplace«. Da es im Pfarrhof und beim Musikverein keine Unterkunft gibt, will ich schon in einem Hotel einchecken. Doch da ruft mich der rettende Felix an, holt mich mit seinem VW-Bus ab und kutschiert mich in seine WG.

Felix, ein Bekannter aus früheren Tagen. Uns verbindet das Fußballspielen in unseren Jugendtagen für den FC Möbel Polt St. Peter/Au, weiters sein Vater, der Geschäftsführer beim Haager Theatersommer war, und seine Schwester, die die beste Freundin meiner Schwester war. Wir haben uns in der Vergangenheit nicht regelmäßig getroffen oder gar verabredet. Doch jedes Mal, wenn wir uns treffen, findet ein sehr anregendes Gespräch statt. Gott schütze diesen Mann.

29. Juni 2017
Wörgl – Jenbach

Ich habe mich riesig über die Aussage von Felix gefreut, der gesagt hat: »Du hast in mir die Sehnsucht erweckt, mir wieder träumen zu erlauben.« Felix wollte eigentlich im Irak bei den Wiederaufbauarbeiten und in Schulen mithelfen, aber seine Eltern haben ihn verunsichert in seinem Tun. Er hatte schließlich nicht den Mut dazu, hat diese Schritte nicht gewagt. »Wie kannst du nur dein Leben aufs Spiel setzen«, war ein Satz, der ihm an den Kopf, aber vor allem an sein Herz geworfen worden ist. Felix ist ein Mensch, der ständig den »Tag des offenen Herzens« pflegt, wie viele andere auch, und dann schmerzt so etwas besonders. Ich kann ihn gut verstehen.

Der Wegabschnitt, den er mit mir geht, berührt mich und erheitert mich und bekräftigt mich in meinem Tun. Und ihn auch.

Felix kehrt nach einer dreistündigen Wanderung von Wörgl zurück in seine Fachhochschulstadt Kufstein, um eine Vorlesung zu besuchen. Es wird gemunkelt, dass er die vorherige wegen des innigen Wunsches, mit mir ein Stück des Weges zu gehen, versäumt hat. Aber es wird eben nur gemunkelt.

Die Schritte nach Jenbach sind schwer. Ich bin noch müde vom Vortag. 50 Kilometer und der »rauschige« Aufenthalt bei den Feiersingers haben es in sich gehabt.

Im Lauf des Tages werde ich von Tirol Werbung kontaktiert. Sie wollen mit mir zusammenarbeiten – in welcher Form, ist noch nicht geklärt, aber die nächsten Tage sollen Klarheit schaffen. Dazu werden wir uns im Schlossrestaurant in Vomp treffen. Das Anliegen wäre, dass ich über Instagram bzw. Facebook Werbung kreiere und die Gastfreundschaft der Tirolerinnen und Tiroler thematisiere.

Das ist ein amüsanter Aspekt, weil ich genau nach dieser Kontaktaufnahme zu Mittag von einer Gastwirtin über den Tisch gezogen werde. Sie »verarscht« mich um fünf Euro, wie ich später feststellen musste. Gut, ich muss fairerweise sagen, dass dies einer von nur zwei negativen Zwischenfällen mit den »heiligen«

Tirolern war. Die restlichen Tiroler sind Mensch'n, zwei bis drei »Oarschlöcher« gibt's oweu. Sie kennen übrigens sicher auch den Spruch: »Bisch a Tiroler, bisch a Mensch. Bisch koa Tiroler, bisch a Oarschloch.«

Zehn Minuten vor Ankunft im Jenbacher Pfarrhaus werde ich von üppigen Regenschauern begrüßt. Der Jenbacher Pfarrer und seine Pfarrhelferin empfangen mich herzlich mit Apfel- und Nussstrudel. (Ja, ich lehne dankend ab – bin ja Allergiker.) Der Pfarrer – ein bunter Vogel oder »verrückter Vogel«, wie er sich selbst bezeichnet. »Wer keinen Vogel hat, der spinnt«, sagt er. Mit dieser Aussage kann ich mich sehr gut identifizieren. Denn wer von Wien nach Marokko, das sind mehr als 3000 Kilometer, geht, hat definitiv einen Vogel. Alles andere wäre eine Lüge. Wobei, ich möchte fast sagen, dass ich einen Vogelschwarm habe ...

Der Pfarrer erzählt auch ganz offen darüber, dass er es nicht ausschließt, irgendwann einmal eine Familie zu gründen. Wenn ihm die richtige Frau über den Weg läuft – warum nicht?! Seine Aussage überrascht mich und freut mich zugleich für ihn, dass er sich diese Freiheit bewahrt. Natürlich ist es aber auch sein Bestreben, im kirchlichen Sinn zölibatär zu leben.

Am Abend werde ich von Jakob überrascht. Jakob, ein guter Freund und alter Mitbewohner, der mir nicht nur treu zur Seite steht, sondern mir auch in meinen privaten Lebenstroubles hilft, facettenreich zu reflektieren. Um 23 Uhr kommt er an. Er teilt sich mit mir das bischöfliche Zimmer der Jenbacher Pfarrgemeinde.

30. Juni 2017
Jenbach – Schwaz

Ein Katzensprung, wenn man so will. Lächerliche zehn Kilometer »fliege« ich nach einem erfrischenden Frühstück mit dem Herrn Pfarrer und Jakob nach Vomp. Nicht Schwaz, sondern Vomp, weil ich, wie erwähnt, ein Treffen mit einer Vertreterin der Tirol Werbung erwarte. Der Deal zwischen Tirol Werbung und mir ist sehr einfach: »#Ilovetyrol« zu meinen Fotos, und als Gegenleistung erhalte ich Unterkünfte, Essen und sonstige Spesen gratis. Ned schlecht, Herr Specht!

Am Nachmittag um 15 Uhr komme ich dann bei den Ledermairs, der Familie meiner Schwester, in Schwaz an. Sie empfangen mich herzlich und ich erzähle ein »Best of« meiner Erlebnisse der letzten Wochen. Alle sind begeistert, und sie überraschen mich nicht nur mit tausend Euro, die sie mir schenken, sondern auch mit Tiroler Schmankerln. Beim abendlichen Grillen genieße ich die Zeit mit der Tiroler Verwandtschaft und mit meinem zweijährigen Patenkind Amalia.

1. Juli 2017
Schwaz – Innsbruck

Tags darauf gehe ich von Schwaz nach Innsbruck. Dieser »Spaziergang« ist deswegen besonders, weil mich Buddy, der Hund meiner Schwester, begleitet. Nicht unbedingt »leiwaund«, aber auch nicht schlimm, da er eigentlich, prinzipiell, unterm Strich, durchaus recht brav ist. Lassen wir das mal so stehen. Er ist eben nicht ganz so unkompliziert wie mein alter Hund, Samy, der jeglichen Konflikt scheute und ohne Leine mit mir spazieren ging.

In Innsbruck angekommen, ruft mich Isabella, die Schwiegermutter meiner Schwester, an. Sie möchte mit ihrer Mutter, meinem Patenkind und mir essen gehen – in den Rosengarten, ein italienisches Restaurant. Als ich Isabella treffe, überfällt mich zugleich eine Instagram-Followerin regelrecht und sagt, dass sie meinen Weg von Wien nach Innsbruck tagein, tagaus verfolgt habe und dass sie bewundere, was ich da tue. Ich fühle mich geschmeichelt, bin jedoch auch leicht peinlich berührt, weil ich wenig Privates, aber sehr viel Persönliches preisgebe.

Als Kind wollte ich berühmt werden, wollte ich in der Öffentlichkeit erkannt werden, heute ist dies anders. Diese Pilgerreise viral zu teilen, hat nur die Gründe, dass ich mir meine Kaution, meine Provision und die Miete nach meiner Rückkehr wieder leisten möchte.

Nach Hausnudeln und gutem Schmaus bringt mich Isabella mit ihrem Mercedes Richtung Rinn. Dort angekommen, kümmere ich mich um mein Patenkind Amalia. Bade sie. Koche für sie. Bette sie und wir kuscheln fernsehend auf der Couch. Nebenbei heißt es auch noch arbeiten, sodass ich schließlich erst um Mitternacht zu Bett gehe. Ich bin hundemüde, wie Amalia und Buddy.

Quality Time mit meinem Patenkind.

2. Juli 2017
Breakday

Dieser Tag ist von Arbeiten sowie Interviews mit der Kronen Zeitung und dem ORF OÖ geprägt. Ich bin aber auch mit meiner Schwester, ihrem Baby und dem Hund in Innsbruck unterwegs. Wir machen Fotos, gehen Kaffee trinken und »Sightseeing«.

3. Juli 2017
Innsbruck

Der zweite freie Tag. Ich schlafe eine Nacht gratis im Hotel Grauer Bär, powered by Tyrol Tourism. Mit Wellness. Interview am Vormittag und Mittagessen mit Zoe, einer guten Freundin, in einem indischen Restaurant. Am Nachmittag gehe ich in die Sauna und zum Yoga. Yoga!!! Yoga ist so erfrischend und tut meinem Rücken äußerst gut.

Am Abend verbringe ich wieder die Zeit mit Zoe, ihrer Family und ihren Freunden, die mich mit zwei T-Shirts beschenken. Auf einem steht »Feminist«, auf dem anderen »All good in the hood«.

4. Juli 2017
Innsbruck – Pfaffenhofen/Telfs

Meine Highlights des heutigen Tages sind, dass ich in der Volksschule Pfaffenhofen übernachten darf und dass mir Alexander Ledermair ein iPhone 6s vorbeibringt. Alexander ist mein Schwager und Busunternehmer, der mich wiederum bei meinem Unternehmen als »neuer Selbstständiger« unterstützt.

Roland, der Direktor der Volksschule Pfaffenhofen, heißt mich herzlichst willkommen. Er zeigt mir die Räumlichkeiten und lädt mich und auch Maddie, die am nächsten Tag zu Mittag ankommen wird, ein, im Turnsaal auf den Matten zu nächtigen.

Anmerkung am Rande: Ursprünglich wollte ich im Pfarrhof Pfaffenhofen anfragen, ob ich denn dort nächtigen dürfe. Statt mit einem freundlichen »Grüß Gott« wurde ich mit einem unwirschen »Was brauchst'n?« begrüßt. Ich war also insgeheim froh, dass ich abgewiesen wurde.

5. Juli 2017
Pfaffenhofen

Madeleine Alizadeh kommt in Pfaffenhofen an. Es ist mir eine Freude, dass die Arschtreterin, seelenverwandte Foodbloggerin, Travelbloggerin, Yoga-Lehrerin, seit Neuestem Fashion-Designerin und Podcasterin mich für ein paar Tage begleitet. Nachdem wir es uns im Turnsaal gemütlich gemacht haben, Bälle jeglicher Art entdecken – Volleybälle, Fußbälle, Basketbälle, Jonglierbälle, Bälle ohne Luft, Bälle mit Blut drauf –, »fetzen« wir uns gegenseitig damit ab. Ohne Rücksicht auf Verluste.

Nach dieser Sportsession haben wir uns ein Mittagsschlaferl verdient und auch gegönnt – very much needed by Dariadaria. Die gute Maddie ist nämlich krank angereist. Halsweh, Kopfweh und Schnupfen.

Am Abend treffen wir uns mit einem weiblichen Dariadaria-Fan und gehen gemeinsam essen. Bei Bier und veganen Köstlichkeiten stoße ich überraschenderweise auf meine alten Haager Theaterkollegen, Regisseurin Susi Weber und Bühnenbildner Luis, mit denen ich bei Kleists »Der zerbrochne Krug« zusammengearbeitet habe. Ich freue mich riesig und trinke mit ihnen noch einen Ouzo.

6. Juli 2017
Pfaffenhofen – Ötztaler Bahnhof

Maddie und ich bleiben alle paar Meter stehen, weil wir – richtig – Fotos machen. Unzählige Fotos machen, wie sich dies für Blogger bzw. Instagrammer eben gehört. Der Hauptgrund, warum wir täglich »nur« 25 Kilometer absolvieren, liegt darin, dass alle hundert Meter Ziegen, Schafe, Alpakas oder Lamas anzutreffen sind und dementsprechend Zeit aufgewendet wird, um die Tiere zu liebkosen.

Ich marschiere mit Maddie Richtung Ötztaler Bahnhof. Sie hält sich sehr gut. Kurz gehen wir getrennte Wege, weil dies ja auch Teil des Pilgerns ist. – Das Problem besteht dann darin, dass ich sie dann nicht mehr finde. Nach vier Anrufen schreibt sie mir, dass sie schon beim Bahnhof auf mich wartet. Die Stimmung ist also nicht so rosig und ich denke mir, dass Maddie nun heimfahren wird, doch sie wartet nur dort. Wir fahren mit dem Taxi Richtung Ötztal und übernachten in einem feinen Hotel mit Wellness, wo sich die schlechte Stimmung relativ rasch in Dampf bzw. Luft auflöst.

7. Juli 2017
Ötztaler Bahnhof – Imsterberg

Wir nehmen noch einmal ein Taxi zum Bahnhof. Die Stimmung ist auf dem Höhepunkt. Vom Imsterberger Bahnhof fahren wir dann ins Imsttal. Wir werden von einem Dariadaria-Fan empfangen. Sie hat ein Café und außerdem ein kongeniales »Mittagsmenü« für uns zur Abendstund'. Herrlich. Vegan noch dazu.

8. Juli 2017
Imsterberg – Grins

Nach einem guten Schläfchen, frohlockenden Gesprächen und einer immer idyllischer werdenden Landschaft werden wir in Stanz bei Landeck von einem Regenbogen überrascht. Anschließend kommen wir in einem Wirtshaus an. Wir essen Eispalatschinken, Kasspätzle, »Knocki« (Gnocchi) mit Salat. Herrlich!

It's hot in here.

9. Juli 2017
Grins – St. Anton am Arlberg

Auf dem Weg nach St. Anton treffen wir Herrn Geiger, der über 90 ist und uns erzählt, dass er im Zweiten Weltkrieg in der Normandie als Panzerkämpfer mittendrin war. Ebenso berichtet er von seinem Bruder, der aus dem Jugoslawienkrieg zu Fuß nach Hause marschiert ist. An einem Wintertag ist er zur Überraschung und Freude aller lebend heimgekehrt. Maddie und ich hören Herrn Geiger tief berührt zu und er genießt es offensichtlich, gehört zu werden.

Via Instagram werden die Besitzer des Hotels »Zur Pfeffermühle« in St. Anton auf uns aufmerksam und laden uns für zwei Nächte ein. Ein großartiges Haus, das vor geraumer Zeit renoviert wurde. Insbesondere der Wellnessbereich hat es uns angetan.

10. Juli 2017
Breakday

Heute legen Maddie und ich eine Pause ein, weil sie Geburtstag hat. Ich pflücke Wiesenblumen, schreibe ein paar persönliche Zeilen nieder, und dann fahren wir gemeinsam mit der Gondel den Berg hinauf, um mit Yoga in den Tag zu starten. Zu Mittag gehen wir im Zentrum von St. Anton essen und am Nachmittag spendiere ich ihr eine Massage, die sie im Hotel nebenan bekommt. Am Abend lädt uns das Hotel auf ein 4-Gänge-Menü ein.

Wir gehen entspannt zu Bett und freuen uns auf den nächsten Tag. Warum? Weil der Weltenwanderer Gregor Sieböck sich der »Armada« Alizadeh/Merkinger anschließen wird.

Allein – und doch in Gedanken stets mit meiner Community unterwegs.

11. Juli 2017
St. Anton am Arlberg – Dalaas
Gregor Sieböck erwartet uns schon am Frühstückstisch. Ich freue mich sehr, dass er bereits zum zweiten Mal mit mir geht. Insgeheim freue ich mich auch schon wieder auf die Zeit allein, so ehrlich muss ich sein, weil Pilgern von der Unabhängigkeit und der daraus resultierenden Flexibilität lebt.

Nichtsdestotrotz ist es einer der schönsten Tage bis dato, weil zwei meiner wichtigsten Seelenverwandten ihre Zeit mit mir teilen. Durch Gregorios Lacher kommt neuer Schwung rein. Es ist wunderschön, mit den beiden in Vorarlberg den höchsten Punkt der gesamten Pilgerreise zu überschreiten, den 1793 Meter hohen Arlbergpass, am Berg gemeinsam zu essen und das Leben zu genießen.

Fünf Kilometer nach der Passüberquerung machen wir bei einer Kneippanlage halt und gehen baden. Während Gregor schläft, unterhalten Maddie und ich uns über Vergangenes und Zukünftiges. In Langen bei Bregenz steigt Maddie schließlich in den Railjet. Wir verbringen die letzten dreißig Minuten auf unsere spezielle Art und Weise, zelebrieren dies, indem wir ein Tanzvideo online stellen, und umarmen uns.

Gregor und ich gehen weiter Richtung Dalaas. Es dauert nicht lange, bis Gregor bei einem Kaufhaus erkannt wird – von Daniela. Sie lädt uns spontan ein und wir verbringen einen netten Abend mit ihr und ihrer Tochter. Kartenspielend lassen wir den Tag ausklingen.

12. Juli 2017
Dalaas – Ludesch
Gregor und ich gehen schnellen Schrittes nach Ludesch, legen einen kurzen Halt bei der Sportartikel-Firma »walchbewegt« ein und erleben später einen phänomenalen Abend bei den Öhres; Hannes, Max, Marie-Theres, Gregor und ich duellieren uns im

Tischtennisspielen. Anschließend werden nicht nur die besten Kasspätzle auf Erden aufgetischt, auch erheiternde Gespräche bis zum Abwinken sind angesagt. Danke, liebe Öhres! Ihr habt stets ein Platzerl in meiner rechten Herzkammer!

13. Juli 2017
Ludesch – Feldkirch

Wenn Sie veganes oder vegetarisches »Futter« soooo gern haben wie ich, dann sollten Sie unbedingt Udo oder Walli besuchen. Udo und seine Haubenköchinnen bereichern Feldkirch mit ihrem Café April und Walli sorgt mit ihren Flammkuchen-Varietäten bzw. der Neueröffnung des Cafés Hecht für Gaumenfreuden auf allerhöchstem Niveau. (Hier handelt sich um unbezahlte Werbung!)

PS: Danke Udo, dass du mir obendrein auch noch dein Gästezimmer zur Verfügung gestellt hast!

In Feldkirch geht's rund. Eine Instagrammerin erkennt mich und lädt mich auf einen Tee ins Magma ein, anschließend gehe ich mit ihr und ihrem Arbeitskollegen weiter Richtung Café Hecht und dann in die Poolbar, wo ich unerwarteterweise Claus, den Freund und Ex-Schulkollegen meiner Schwester, treffe. Wir freuen uns beide riesig und feiern dementsprechend ausgiebig bis in die frühen Morgenstunden.

Johannes Winkler, der Freund von Marie-Theres Öhre, überrascht mich ebenso mit seinem Kommen, und so nimmt der Abend seinen Lauf. Klar, dass der nächste Tag von einem sogenannten Hangover geprägt sein wird.

14. Juli 2017
Feldkirch – Buchs

Heute ist ein guter Tag. Mein Bergwelten.com-Artikel geht online. Und er läuft richtig, richtig gut :) LOVE MY JOB! Ich starte erst um 12 Uhr. Stehe um 10 Uhr auf, weil ich komplett betrunken bin. Komplett!

Kurz nach 13 Uhr macht eine Radfahrerin an meiner Seite halt, die selbst einst den Jakobsweg mit dem Rad absolviert hat. Nachdem ich ihr erzählt habe, dass ich nach Santiago de Compostela und dann noch von Casablanca nach Marrakesch gehe, hört sie überhaupt nicht mehr auf zu schwärmen und steckt mir als Proviant ein Stück Käse in den Rucksack. Das ist typisch Pilgern. Pilger helfen Pilgern. Weil nur Pilger tatsächlich verstehen, was Pilgern wirklich bedeutet.

Der Steirer und Campingwart Sepp hat mir »gratis« eine Übernachtung in seiner Hütte genehmigt, weil einen Pilger kann man doch nicht im Regen stehen lassen. Einzig einen Kaffee musste ich ihm spendieren.

15. Juli 2017
Buchs – Flums

Die Wanderschaft von Buchs nach Flums im Kanton St. Gallen verläuft gut. Eigentlich hätte ich geplant, in Sargans zu nächtigen, aber als sich eine Instagrammerin, die über Minusgold aka Jaqueline auf mich aufmerksam geworden ist, meldet, gehe ich weitere neun Kilometer Richtung Flums. Die liebe Familie empfängt mich mit Kuchen, Handtuch und einem herzlichen Grinsen, das tief reingeht in Areale, die entstaubt werden.

Es kommen Heimatgefühle hoch, weil dieses urige Haus ein Passivhaus ist, wie mein Elternhaus. Allerdings stammt dieses Haus hier aus den 1940ern, wurde renoviert und zu einem Passivhaus umkonstruiert. Ein Schmuckstück. Man ist quasi dazu verdammt, sich wohlzufühlen. Anschließend gehe ich mit meiner

Unterkunftgeberin, oder besser gesagt, fahren wir mit Velos (Fahrrädern) zu ihrem Lieblingskraftort, den sie sehr häufig aufsucht.

16. Juli 2017
Flums – Weesen

Ich verlasse Flums später als geplant, weil die Familie sich so herzlich um mich kümmerte. Aber so ist Pilgern nun einmal – ein ständiges Ankommen und Aufbrechen. In Weesen angekommen, gehe ich bei einer Jungfamilie vorbei, die ich nach dem Pfarrhof frage. Noch bevor die Leute mir die gewünschte Antwort geben, laden sie mich auch schon zum Grillen ein. (Habe ich schon einmal erwähnt, dass ich das Pilgern liebe?!) Allerdings möchte ich vorher noch duschen, um frisch und munter ihren Nasen und neugierigen Fragen gerecht zu werden.

100 Meter weiter treffe ich Pfarrer Jörn. Er ist mega herzlich und riesig an meinem Vorhaben interessiert. Jörn betrachtet mein Vorhaben als ein Pilgern 2.1, weil ich seines Erachtens über Social Media eine Seelsorger-Rolle einnehme. Er ist berührt von der Geschichte einer jungen Frau, die mit mir über Instagram seit Tagen kommuniziert. Ihr Wunsch war es stets, selbst pilgern zu gehen. Da sie wegen eines Krebsleidens aber das Krankenbett hüten muss, kann sie diesen Traum im Moment nicht verwirklichen. Als sie über Umwege auf meinen Instagram-Kanal stieß, hat sie mich gebeten, sie für ein paar Minuten in Gedanken auf die Reise mitzunehmen. Und diesen Wunsch habe ich ihr natürlich gern erfüllt.

> Hallo Ernst! Der Name ist klasse mal so nebenbei. Hört man ja nur noch selten in der heutigen Zeit! Ich verfolge Dich hier. Sehr gerne. Und ich finds klasse, was Du tust. Ich bin unheilbar an Krebs erkrankt. Aber auf meiner Löffelliste steht noch "ein Stück des Jakobswegs gehen". Den Saar-Hunsrück hab ich in meinen gesunden Jahren schon geschafft. Aber jetzt mal eben so pilgern gehen, ist momentan nicht so einfach für mich.

> Meine kurze Frage ist jetzt einfach, ob Du in Gedanken für ich ein Stück mitpilgern magst? Und wenn es nur 5 Minuten sind. Ich weiß, voll komisch. Schreibt Dich da so ne Krebskranke an, die Du nichtmal kennst. Wenn Du Nein sagst, ist das also völlig in Ordnung.
>
> Ich wünsch Dir jedenfalls gutes Gelingen, viele viele und noch mehr Eindrücke. Pass auf Dich auf. Und ich freu mich über weitere Fotos und Posts von Dir!
>
> Liebe Grüße,
> Claudi. :)

Nachdem mir Jörn den Pfarrhof gezeigt hat, gehe ich zum Grillen zur Jungfamilie. Wir speisen und trinken, plaudern und singen uns in den Abend hinein, bis ich müde werde und gegen 21 Uhr wieder den Pfarrhof aufsuche. Vor dem Gebäude wartet ein Mädel auf mich, das seit geraumer Zeit in der Gegend lebt und als Physiotherapeutin ihr Brot verdient. Über meinen ersten Bergwelten.com-Artikel ist sie auf mich aufmerksam geworden, hat über meine Instagram-Storys mitbekommen, dass ich mich in ihrer Nachbarortschaft rumtreibe, und wollte mich unbedingt treffen.

Wir verstehen uns auf Anhieb gut. Sie erzählt mir ihre intimsten Geschichten und Zukunftssorgen. Es ehrt und freut mich, dass mir Menschen so vieles auf meinem Weg anvertrauen. Doch gegen 23 Uhr muss ich ihr, wie sich's in der Schweiz gehört, ein Küsschen auf die linke und zwei auf die rechte Backe geben und mich verabschieden – die Gute-Nacht-Fee hat mich via Telepathie in ihren Bann gezogen. Ich schnappe mir meinen Schlafsack, lege mir die Polster im gemütlichen Pfarrsaal zurecht und schlafe wie ein Pilger-Baby ein.

17. Juli 2017
Weesen – über Zürichsee Richtung – richtig! Einsiedeln

In Einsiedeln erwarte ich meinen Papa! Ja, mein Papa ist mit seinem neuen Roller nachgekommen – oh, pardon, ich meine natürlich mit seiner neuen MotorradMASCHINE. Seine neue BMW steht ihm richtig, richtig gut. Ich nehme ihn immer wieder auf die Schippe, weil er sehr langsam fährt, so langsam, dass man Angst haben muss, dass er in den Kurven umkippt oder vielleicht sogar für Stau sorgt und oder dass Traktorfahrer und Radfahrer hinter ihm murren.

Mein Papa

Jetzt Mal im Ernst: Mein Vater ist ein richtig cooler Typ – ein schöner Mensch. Im starren System der katholischen Kirche, der er als dynamischer, bemühter Theologieprofessor dient, hat er es nicht leicht. Mein Vater wäre beinahe Priester und beinahe Künstler geworden. Aus beidem wurde Gott sei Dank oder leider Gottes nichts. Ersteres wäre der Wunsch seiner Mutter und Letzteres das Gegenteil von wünschenswert gewesen. Ich wusste von seiner ausgeprägten Maler-Ader nichts. Bis zu jenem Tag, an dem ich im Keller nach meinen Skiern suchte, um sie zu wachsen, und auf eine große Truhe gestoßen bin. Die Neugierde hat meine Hände dazu bewegt, nachzusehen, was denn darin schlummert, und so bin ich auf unzählige, wunderschöne Bilder mit der Signatur meines Vaters gestoßen.

Zehn eingerahmte Bilder an der Zahl habe ich raufgeschleppt und meinen Vater aufgefordert, diese Bilder verdammt noch einmal nicht im Keller vergammeln zu lassen, sondern aufzuhängen. Und da unsere Wände mit Hochzeitsfotos meiner älteren Schwester geschmückt waren, hat sich nur mein Zimmer angeboten. Seither hängen die Bilder in meinem Schlafzimmer. Auch zum Stolz meines Vaters.

Seit heute bin ich mit Lisa und Dominik unterwegs. Lisa habe ich am Hengstpass, kurz nach dem Zürichsee, getroffen. Wir sind alle drei sehr redselig, weil es eine schöne Abwechslung ist, wieder einmal gemeinsam zu pilgern und sich mit Gleichgesinnten auszutauschen.

18. Juli 2017
Einsiedeln – Brunn – Vierwaldstättersee

Die bisher schönste Strecke. Almwiesen. Unberührte Natur. Kühe mit riesigen Glocken und noch Hörnern. Hörnern! Eine Rarität. Ich muss an das Zitat des griechischen Philosophen Aristoteles denken: »Die Natur macht nichts vergeblich.«

In Brunn stärken wir uns in einer Bäckerei. Allerdings lässt uns die Chefin nicht bezahlen und besteht darauf, uns auf Croissant, Salzstangerl und Käseweckerl einzuladen. Von Brunn fahren wir, Lisa, Dominik und ich, mit dem Schiff zwei Kilometer weiter Richtung Volligen. Dort wollen wir bei der Anlegestelle übernachten, aber der Besitzer verscheucht uns schnell. So ziehen wir weiter in eine nahe gelegene Siedlung.

Diesen Tag bin ich die meiste Zeit mit Lisas Hund unterwegs – Kathy. Wer mich besser kennt, weiß, dass ich Hunde zum Fressen gernhabe, hatte ich doch selbst einen. Der ist allerdings, wie bereits erwähnt, im Hundehimmel angelangt und hängt mit seinem Harem am Block ab.

Während des Pilgerns am Camino denke ich mir oft, es wäre doch nett, seinen eigenen Hund mitzuhaben. So schön es wäre, praktisch ist es gewiss nicht, da viele Unterkünfte keine Hunde dulden. Und man muss sich auch die Frage stellen, ob man dem Tier etwas Gutes tut. Lisa geht bedacht vor und kühlt Kathy so oft wie möglich mit kaltem Wasser ab, weil die Hundedame sonst kollabieren würde.

An diesem Tag haben wir, wie fast jeden Tag, Glück und treffen auf ein älteres, gastfreundliches Paar, das gerade sein Haus renoviert – Monika und … shit, ich habe seinen Namen vergessen.

Das Haus bietet einen herrlichen Blick auf den Vierwaldstättersee. Die beiden laden uns ein, in ihrer Werkstatthütte zu übernachten. Lisa, Hund Kathy und ich nehmen dies dankend an, Dominik entscheidet sich zum Übernachten im Freien. In der Scheune finde ich einen Liegestuhl, der meine Latexmatratze und mein Grüne-Erde-Bett in der Heimat vergessen lässt.

19. Juli 2017
Vierwaldstättersee – Friedl-Hütte

Es nieselt den ganzen Tag und dann beginnt es gewaltig zu »tuschen«. Blitz, Donner und … ja … ähm … Blähungen im Unterhöschen. Die vergangenen Tage habe ich mich primär von Sandwiches ernährt und das hat eben seine Spuren hinterlassen – zum Glück aber noch keine braunen Spuren.

Auf einmal beginnt es in Strömen zu regnen und wir flüchten in eine Hütte auf einer Kuhweide. Wir taufen sie »Friedl-Hütte«. Diese stellt sich als »Place to be« heraus, denn im ersten Stock befindet sich eine gemütliche Stube. Da die Weiterreise suboptimal erscheint, weil es auf einmal auch zu hageln anfängt, entscheiden wir uns, hier zu übernachten. Der Besitzer der Hütte wird aufmerksam auf die obdachlosen Pilger, als er nach seinen Kühen Ausschau hält, die ob der Wetterkapriolen gleichermaßen irritiert sind wie wir.

Ich gehe dem Bauern entgegen und frage, ob's denn möglich sei, in der Stube zu übernachten. Er willigt ein und macht mich auf den Schnaps in der Truhe aufmerksam, falls die Nacht zu kalt werden sollte. Das Motto für den heutigen Abend lautet: Ein Zirbenschnapserl geht immer! Prost!

20. Juli 2017
Friedl-Hütte – Lungerersee

Dominik verlässt uns heute, weil er bei Freunden seiner Familie haltmacht und dort zwei Nächte verbringen will, um seine Batterien aufzuladen. Ein trauriger Abschied, da wir doch so viel Spaß hatten. Ich bin froh, dass zumindest die liebe Lisa und Kathy mich noch die nächsten Tage begleiten.

Wir gehen von See zu See. Schweiz, du bist landschaftlich wahrlich ein Traum, wären da nicht die galaktischen Preise. Ich habe nur einmal in einem Hotel in der Schweiz übernachtet, das war mit meinem Vater in Einsiedeln. Wir haben für ein 08/15-Hotel 120 Euro pro Person und Nacht bezahlt. Und das, obwohl das Essen schlecht war, die Räumlichkeiten ähnlich stilvoll waren wie jene bei den TV-»Liebesg'schichten und Heiratssachen« und das Service engagiert war wie ein ausgebrannter McDonald's-Mitarbeiter.

Lisa und ich sind sehr sparsam unterwegs und so entscheiden wir uns am Lungerersee für keine Pension, für kein Hotel, auch nicht für einen Campingplatz. Stattdessen schlafen Lisa, ihr Hund und ich vor einer Kapelle im Zelt. Gemeinsam. – Nein, zwischen Lisa und mir ist nichts gelaufen. Aber gut, ich will jetzt nicht zu viel verraten. Das Blöde ist, dass ich keine Matratze dabeihabe.

Die schöne Schweiz. Man geht von See zu See zu See.

21. Juli 2017
Lungerersee – Interlaken

Es wird immer schöner und schöner. Auf dem Weg nach Interlaken schreibt mir via Instagram auf einmal Jasmin. Sie ist über Madeleine Alizadeh auf meinen Kanal gestoßen und lädt Lisa und mich auf ein Abendessen und eine Übernachtung ein.

Waren Sie schon einmal in Interlaken? Ich bis zu jenem Tag jedenfalls nicht. Aber eins kann ich Ihnen garantieren: Ich werde dort bald wieder hinfahren – ja, nicht hingehen, sondern hinfahren. Nicht nur, weil ich unbedingt Jasmin und den Lebenskünstler Theo wieder treffen möchte, sondern auch, weil ich als alter Skitourengeher die Berge erkunden will.

Liebes Interlaken, du hast Eindrücke hinterlassen, die es in sich haben. Die Gemeinde ist eine traditionelle Urlaubsdestination im Berner Oberland in der Zentralschweiz, Sie kennen diese vielleicht von den Weltcup-Skirennen. Die berüchtigte Lauberhornabfahrt befindet sich gleich ums Eck.

Interlaken liegt in einem lang gezogenen Tal, gespalten durch den smaragdgrünen Thunersee und den Brienzersee. Die Aare, die durch den Ort fließt, lässt mein Herz noch schneller schlagen. Wie Sie hier rauslesen können, habe ich mich in diese Gegend verliebt. Alles so wunderschön!

Jasmin und Theo haben uns mit veganer Kost versorgt, wobei Theo mehr mit seinen THEOrien und Jasmin mit ihrer schüchternen Herzlichkeit aufgetrumpft hat. Dankä!

22. Juli 2017
Interlaken – Thun

Wer in Interlaken ist, sollte unbedingt Thun auch noch erkunden. Ach ja, und auch den Weg von Interlaken nach Thun, der in die Kategorie »paradiesisch« einzuordnen ist. Dass ich mir in Thun meinen Traum erfüllen konnte, nämlich einmal eine stehende Welle zu surfen ... tja, mit dem war nicht zu rechnen.

Nach einem 35 Kilometer langen »Spaziergang« habe ich ein paar Jungs auf der Aare surfen sehen und mir gedacht: »Ja, das muss ich auch probieren. Jetzt oder nie.« Und so hat mir ein Surfer-Brudi sein Board anvertraut und ich bin tatsächlich beim zweiten Anlauf gestanden – gefühlte zehn Minuten, doch in Reality waren es vielleicht drei bis fünf Sekunden. Das war schon richtig, richtig leiwand. Urleiwand! Aber das Urleiwandste war, dass ich wieder von einer Instagrammerin angeschrieben wurde. Dieses Mal hat Pascale (siehe ihren Blog »Apricots & Lemons«), die mitten im Zentrum Thuns lebt, für uns gekocht (Gemüsereis, Mandelsplitter, Koriander, veganer Cashewkäse) und mit feinfühliger Gastfreundschaft aufgetrumpft. Lisa, Kathy und ich sagen: Danke von ganzem Herzen!

23. Juli 2017
Thun – Fribourg

Lisa und Kathy lasse ich an diesem Tag leider zurück. Kathy hat wunde Pfoten und muss deswegen zumindest einen Pausentag einlegen. Ich habe den inneren Drang, weiterzuziehen, und tu dies auch. Ich bedanke mich bei den Hosts und gebe Kathy, aber auch Lisa ein Küsschen auf die Schnauze. »Ich werde euch vermissen«, rufe ich ihnen noch nach. Lisa entgegnet mir: »Man sieht sich immer zweimal im Leben.«

Ich starte nach einem ausgiebigen Frühstück relativ spät für meine Verhältnisse, nämlich um 9 Uhr. Ich fühle mich gut. Richtig gut. Und gehe meine bisher längste Tour – 55 Kilometer. Nachdem ich diese Zahl auf meinem Kilometerzähler gelesen habe, stoße ich durch »Zu-fall« auf Sophie und ihren Freund Don, die gerade ihre sonntägliche Radtour unternehmen. Ich will nur kurz um Auskunft bitten, ob sie denn eine preiswerte Unterkunft wüssten. Doch bevor ich meinen Satz überhaupt beenden kann, bietet mir Sophie an, bei ihnen zu übernachten. Und so kommt es auch.

24. Juli 2017
Fribourg
Breakday

25. Juli 2017
Fribourg – Romont

Heute ist Jakobustag. Der Patron der Pilger. Mir bedeutet dieser Tag so viel wie jeder andere Tag. Jeder Tag ist Jakobustag. Jeder Tag ist Ostern. Jeder Tag ist Geburtstag. Ja, jeder Tag ist Weihnachten. Doch die Schweizer sehen dies ein wenig anders, und auch in Romont feiern sie diesen Jakobustag riesig.

Ich gehe in den Ort hinein und mache mich wieder auf die Suche nach einem – richtig! – Schlafplatz.

Die einzige Unterkunft ist komplett voll und das Wetter für den Abend nicht sehr vielversprechend. Ich sehe mich also nach einer Alternative um.

Bei einer öffentlichen Feier begegne ich einer liebenswerten Familie, die mir für denselben Tag bzw. zwei Tage danach am Genfersee einen Schlafplatz anbietet – ich muss annehmen. Obendrein freuen sich die Veranstalter dieser Feier und die Presse, dass ich als einziger Pilger bereit bin, ein ausführliches Interview zu geben. Als Gegenleistung bekomme ich Schweizer Spezialitäten. Damit hört mein Magen zu knurren auf und stört die schöne Veranstaltung nicht.

26. Juli 2017
Romont – Lausanne

Für den heutigen Tag habe ich bereits fix eine Übernachtungsstätte, nämlich bei Siegfried und Christine = Siegestine. Wie es der Zufall so will, habe ich die beiden vor ein paar Wochen beim Frühstücken im Stift Melk getroffen. Dort haben sie mich bereits eingeladen, oder besser gesagt, sie haben mich verpflichtet, bei ihnen zu übernachten.

Dieser Tag ist wieder ein schöner, ein leicht von den Füßen gehender, weil ich auf ein Schweizer Elternpaar treffe, die mir »nährstoffreiche« Gedanken mit auf den Weg geben. Die Social-Media-Welt schenkt mir so viel Aufmerksamkeit – ja, ich möchte fast sagen, zu viel Aufmerksamkeit, sodass ich das Zuhören während des Pilgerns sehr genieße.

Am späten Nachmittag treffe ich in Lausanne ein und freue mich sehr, das Team »Siegestine« wiederzusehen. Nicht nur wegen des guten, ausgiebigen Essens, des gemütlichen Schlafplatzes, sondern vor allem auch wegen der WERTvollen und GEHALTvollen Gespräche bin ich beiden bis heute dankbar.

27. Juli 2017
Lausanne

In Romont habe ich Maile und ihre Family getroffen. Zwei Tage später werde ich auf eine Kakao-Zeremonie bzw. zum Meditieren eingeladen. Maile und ich verstehen uns blendend und deswegen hat sie spontan entschieden, mich überübermorgen in Genf nochmals zu besuchen. Kakao-Zeremonie again!

Nebenbei schreibe ich an diesem Tag »Schmäh«-Artikel für meinen Blog bzw. das Magazin Ursache&Wirkung. Hier ein Auszug davon:

Raus aus dem vertrauten Leben und zu Fuß von Wien nach Marrakesch gehen: Reisebericht eines modernen Instagram-Pilgers

Am 10. Juni habe ich mich vom Wiener Kutschkermarkt in den Süden aufgemacht, genauer gesagt nach Marrakesch. Manche sprechen mittlerweile gar nicht mehr vom Pilger Ernst Merkinger, sondern vom Pilger 2.0, weil ich meine Eindrücke via Instagram-Account und auf meinem Blog teile.

…

Das Pilgern verleiht Wurzeln, aber zugleich auch Flügel. Jeder Schritt ist ein Schritt zu sich selbst. Jeder zusätzliche Schritt sorgt für noch mehr Verankerung. Insofern ist das Pilgern de facto ein religiöser Akt. Das lateinische Wort »religere« bedeutet »sorgsam beachten«, »religare« heißt »wieder verbinden, was getrennt war«. Man tritt in Kontakt mit seiner inneren Haltung, in der eine große Offenheit und Achtsamkeit bestehen. Gleichzeitig hat mich diese Verbundenheit durch das Pilgern beflügelt, mir Leichtigkeit eingeflößt, die mich förmlich fliegen ließ. Ohne Einnahme von Energydrinks, versteht sich.

Stimmen im Kopf. Ich habe das Glück oder Problem, dass ich nie allein bin. Wie Sie das jetzt verstehen sollen? Na ja, ich habe einen Affen in meinem Kopf, der für Unterhaltung sorgt, einen Mönch, der mich an die Meditation erinnert, und eine Mutter, die mich erinnert, die stinkende Wäsche zu waschen. Und ich habe einen Manager, der alle zu vereinen weiß, oder besser gesagt, versucht, diese Horde zusammenzuhalten.

Aber jetzt im Ernst: Ich genieße das Kontrastprogramm. Beim Alleinsein entspringen Gedanken aus der Stille, die durch Dialoge mit anderen Mitpilgern oder Freunden entfacht worden sind. Ich verwerte sie für meine Blogbeiträge. Und wenn ich einmal Lust auf Hüttengaudi-Stimmung habe, dann kann es in einer Pilgerschar auch Spaß machen.

Mir scheint das Pilgern ein Abbild des Lebens zu sein. Wir sind alle Lebensgefährten, manchmal für ein paar Minuten, manchmal für einen Tag und manchmal eben ein Leben lang.

…

Hürden nehmen. Natürlich versuche ich, meine Schmerzen zu behandeln, mein Bett gemütlich zu machen, mit Ohropax für Ohren-Frieden zu sorgen oder dem Wetter entsprechende Kleidung zu tragen. Aber nicht mehr und nicht weniger. Dies erinnert mich an ein Zitat von Buddha: »Hast du ein Problem, so versuche es zu lösen. Kannst du es nicht lösen, mache kein Problem daraus.«

Natürlich hatte ich einige Momente in der Vorbereitung, die mich haben zweifeln lassen, ob ich dieses Projekt tatsächlich stemmen kann. Immerhin warteten 3000 Kilometer auf mich. Pardon, über 3000 Kilometer! Jeder Schritt ist ein Schritt ins Ungewisse. Jeder Kilometer eine schlaflose Nacht mehr.

…

Auf dem Weg in den Süden wird mir mehr und mehr klar, wie wichtig es ist, Verinnerlichtes zu veräußerlichen, sein reines Wesen Tag für Tag konsequent zu leben und sich durch sein Umfeld nicht auf Abwege bringen zu lassen. Es schlummert doch in jedem der Traum eines erfüllten Lebens, so weit trau ich mich aus dem Fenster zu lehnen, auch ohne wissenschaftlichen Beweis oder einen Abschluss an der Sigmund-Freud-Universität. Bei einer Lebenskünstlerin ist die Erfüllung dieses Traumes mehr, bei einem Couch-Potato weniger ausgeprägt. Doch wenn dieser Traum zum Wunsch mutiert, gibt es kein Zurück mehr.

…

Der Pilger braucht Courage, ein Fünkchen Naivität, Urvertrauen, Flexibilität und Spontaneität – so wie Harry Potter seinen Zauberstab. Wenn ich dieser Magie zu wenig Raum gegeben hätte, wäre mir bei Leo in Persenbeug ein vorzüglicher Kirschkuchen entgangen, hätte ich mit den FEIERsingers keinen schnapsigen Grillabend erlebt, hätte ich bei all den vielen Instagram-Followern nicht übernachten können. Das ist die Magie des Pilgerns, von der ich nie müde werde zu erzählen.

28. Juli 2017
Lausanne – Genfersee

Beflügelt durch Kakao in meinen Adern »fliege« ich an diesem Tag den Genfersee entlang. Es bereitet mir Freude, mich bei der Hitze in den See zu begeben. Auch ergeben sich immer wieder schöne Gespräche mit Badegästen, Künstlern, Joggern oder Radfahrern – weil natürlich viele irritiert sind von meinem Anblick, von diesem

Mann mit dem großen Rucksack auf dem Rücken und dem großen Grinser im Gesicht.

Entlang des Genfersees treffe ich die Freunde Julien (Lehrer) und Jonathan (Ex-DJ). Diese beiden Jungs werde ich nicht so schnell vergessen, weil mich Julien beinahe mit seinem VW-Käfer überfahren hätte. Als Wiedergutmachung tischt er Bier, Salat und vegetarisches Futter auf – und ermöglicht mir eine Übernachtung auf einer WG-Couch. Thanks, guys!

Offener Brief an die Bildungsministerin

Geschätzte Frau Bildungsministerin,

mein Name ist Ernst und es ist mir dieses Mal sehr ernst. Ich möchte nicht lange um den heißen Brei herumreden, tu es aber trotzdem und möchte Sie höflichst darauf hinweisen, dass das österreichische Rechtschreibwesen nicht mehr dem Wander- bzw. Pilgerjargon entspricht.

Sie werden sich nun höchstwahrscheinlich fragen, wovon dieser herumirrende Irre schreibt. Das Wort »Gesundheit« muss zwingend um einen Buchstaben erweitert werden, ansonsten werden meine Pilger- bzw. Wanderfreunde und meine Mittelmäßigkeit das Bildungsministerium stürmen. (Könnten Sie mir dazu bitte die Adresse des Ministeriums zusenden?)

Obendrein kritisiere ich das nicht adäquat seiende Geschlecht des Wortes »Gesundheit«. GeHsundheit ist etwas Männliches, denn wenn man gehsund ist, dann ist man stark, und wenn man nicht gehen kann, dann ist man krank. Krankheit ist somit weiblich, weil eben schwach. Und kommen Sie mir jetzt bitte nicht mit feministischen Floskeln! Das ist von der Schöpfung Gottes uns Menschenkindern so gegeben worden.

Auch bei der Bedeutungsübersicht ist Ihrem Team ein grober Schnitzer passiert.

Nicht ohne Grund fragt man eine Person beim Antreffen: »Wie geht's dir?« Wenn diese gehen kann, dann wird er oder sie im Optimalfall mit »Mir geht's gut« antworten. Ergo ist diese Person »gehsund«.

Ich weiß, dass es sich um Nuancen handelt, aber genau darauf kommt es an. Ich bin für die harten und nicht für die alternativen Fakten.

Apropos alternative Fakten – wussten Sie, dass »to trump« im britischen Englisch »furzen« heißt? True story! Wie auch immer, das würde jetzt zu weit gehen.

Höflichst bitte ich Ihre Großartigkeit, dass Sie mir also dies baldigst ändern!

Im Ernst,

Ernst

Zufallsbekanntschaft: Rallyefahrer Sébastien Loeb.

29. Juli 2017
Genfersee – Genf

Der Schweizer Boden ist ein guter Boden. Die Landschaft gibt einem Kraft und so gehe ich an diesem Tag überdurchschnittlich viel. So viel, dass ich, als es finster wird, flotten Schrittes in der Stadt Genf ankomme. Auf dem Weg dorthin läuft mir Sébastien Loeb über den Weg. Ja, liebe Motorsportfans, Ihr habt richtig gelesen. Der Rallyefahrer schlechthin. Ich schaue nie Rallyes, aber ihn kennt man einfach. Wir kommen kurz ins Gespräch. »Why do you do this?«, will er von mir wissen. Woraufhin ich ihn frage: »Why do you drive with crazy tempo on streets? Cause you love this kick? I love the opposite: walking slowly through nature.« Wir lachen herzlich und gehen bzw. laufen wieder unserer entgegengesetzten Wege.

Julien und Jonathan vom Genfersee ermöglichen es mir, wie oben erwähnt, in einer 5er-WG auf der Couch zu übernachten. Obendrein darf ich mich nach langer Zeit wieder einmal selbst bekochen: Reis mit Gemüse. Was gibt es Besseres auf Erden?!

Lustiger Aspekt am Rand: Als ich in besagter WG ankomme, weiß keiner über mein Eintreffen Bescheid. Die Konversation hat in etwa so stattgefunden:

Ich: Hey, my name is Ernst!

Gastgeber: Who are you?

Ich: Ernst! Did Jonathan not tell you that I am going to come?!

Gastgeber: Who is Jonathan?

Ernst: Jonathan! He is a friend of this flat.

Gastgeber: I don't know any Jonathan.

Ernst: Well, I can show you a picture of him on my iPhone, please wait! Oh, damn. My iPhone's battery is empty. Well ...

Gastgeber: Well ... however. Come in.

(Nachdem ich die Batterien aufgeladen habe, zeige ich ihm ein Foto von Jonathan, das ich am Vorabend gemacht habe.)

Gastgeber: Ahhh, this Jonathan! Ha ha, I haven't seen him for a while, and he didn't tell me anything about you. That's typically Jonathan. But this is why we all love him ...

Nach wenigen Minuten ist das Eis gebrochen und ich werde auf ein selbst gemachtes Bierchen eingeladen. Das wohl beste Bier, das ich je in meinem Leben getrunken habe. Ob es an den 55 Kilometern liegt, die ich zurückgelegt habe, oder am wahrlich reichhaltigen Geschmack des Bieres selbst?!

30. Juli 2017
Genf – Montreux

Am nächsten Morgen werden wir, Julian und ich, hinausgeschmissen. Julian ist über Bergwelten.com auf mich aufmerksam geworden. Er ist in der Früh angekommen und ich habe ihn kurzerhand in die WG reingelassen. Mein Problem ist, dass der WG-Chef, der mich am Vorabend aufnahm, auf ein Festival gefahren ist und sein Handy abgedreht hat. Eine nichtsahnende, schockierte Mitbewohnerin findet mich also im Wohnzimmer vor, wild in den Computer tippend. Woraufhin ich mich zu erklären versuche, aber ihr erscheint dies alles zu dubios. Ich biete ihr daher meinerseits an, die Wohnung zu verlassen ... Sie entschuldigt sich mehrere Male, dass sie mir nicht vertraut. Ich beschwichtige, es sollte ja so etwas wie ein Wohlfühlfaktor vorherrschen, und wenn dieser wegen meiner Anwesenheit in der Casa nicht gegeben ist, dann werde ich mich schleunigst entfernen.

Da am 1. August der Schweizer Nationalfeiertag ist, habe ich mich, nach der Einladung von Maile und ihrer liebenswerten Familie, entschieden, noch einen Tag Pause einzulegen, um die Schweizer Party-Fähigkeiten in Montreux genauer unter die Lupe zu nehmen. Diese Analyse dient einzig und allein der Wissenschaft ...

Mit Julian fahre ich mit dem Zug von Genf retour nach Montreux auf Kurzbesuch zu Mailes Familie. Mein heutiges Highlight? – Julian! Er will unbedingt ein paar Tage mit mir »mithatschn«, und da ist er nun, der Gute! Da er letzte Nacht wenig Schlaf abbekommen hat, geht er in Montreux bald zu Bett.

Maile und ich unterhalten uns bis Mitternacht, bis mir meine Pilgeraugen zufallen.

Die liebe Maile hat eine dermaßen starke Ausstrahlung, da zieht's einem automatisch den linken und rechten Mundwinkel nach oben.

31. Juli 2017
Montreux
Vorabend zum Schweizer Nationalfeiertag
Breakday

Zumeist schläft man als Pilger in einem Schlafsaal mit zig anderen Pilgern, der eine schnarchend, der andere furzend. Doch diesmal war mir Fortuna gnädig und ich konnte mich allein von den Strapazen der letzten Tage erholen.

1. August 2017
Genf – Chessenaz

Retour in Genf, stoßen Lisa und ihr Hund Kathy zu Julian und mir dazu. Ja, wir sind wieder vereint. Die beiden haben uns quasi eingeholt, nachdem ich ein paar Tage der Ruhe genossen hatte. Heute habe ich das Gefühl, es ist richtig schwierig, in die Gänge zu kommen. Erst nach Kilometer 15 fließt die verborgene Kraft wieder in meinen Adern. Am Abend entdecken wir ein heimeliges Pilger-Haus. Nothing special, aber in der Gruppe bzw. mit Wuffi ist's schwieriger, überhaupt eine Herberge oder einen Schlafplatz zu ergattern.

2. August 2017
Chessenaz – Seyssel

Ich genieße die Zeit mit Julian sehr, weil er dasselbe Tempo wie ich geht, ein großes Herz hat und unkompliziert wie mein Patenkind Amalia ist. Wir unterhalten uns über unsere Ex-Beziehungen, über Ernährung und die momentane Flüchtlingspolitik in Österreich und Deutschland.

Am Abend entdecken wir eine riesige Parkanlage für Groß und Klein, die uns neugierig macht. Kann man hier übernachten? Nach kurzer Suche finden wir eine blaue Turnmatte, die sich als komfortable Schlafmöglichkeit anbietet. Obendrein schenkt uns Mutter Natur eine trockene Nacht. Was will man mehr?!

Doch bevor wir es uns gemütlich machen, gehen wir in einen künstlich angelegten Teich baden. Am Rand des Teichs sehe ich einen circa achtjährigen, pummeligen Jungen mit seiner Mum. Durch meine »Plattl-Versuche« inspiriert, versucht er Ähnliches zu tun. Doch er ist etwas tollpatschig und das richtige Steinewerfen will ihm einfach nicht gelingen. Ich gehe zu ihm hin und zeige es ihm vor. Nach fünf Minuten und unzähligen Versuchen klappt es immer noch nicht, den Stein zumindest zweimal über das Wasser plätschern zu lassen. Aber ich will nicht aufgeben und sporne ihn an, korrigiere ihn und unternehme mit ihm weitere Versuche, sodass die Pommes, die Julian mittlerweile für uns gekauft hat, kalt werden.

Die ganze Situation erinnert mich an meine Kindheit: Wie oft habe ich es mir gewünscht, dass mir ein Älterer hartnäckig Mut zuspricht, mich in meinem Tun unterstützt und nicht frühzeitig abspringt.

Genau deswegen habe ich 15 Minuten durchgehalten, bis der Junge schließlich und endlich aufjauchzte und freudestrahlend seiner Mutter entgegenlief. Er hatte es zweimal geschafft, einen flachen Stein richtig zu werfen.

3. August 2017
Seyssel – Yenne

Eine Einheimische entdeckt mich, eine Käsesemmel mampfend, vor dem Pfarrhof in Yenne und bietet mir an, bei ihr zu nächtigen. Wie sich später herausstellt, handelt es sich um eine Herberge, die auf »Donativo« basiert. Das heißt, dass ich der Gastgeberin so viel (oder so wenig) bezahlen kann, wie ich will. Im Schnitt gebe ich in diesen Fällen zwischen zehn und dreißig Euro her.

Vor Ort treffe ich auf ein »Parttime-Pilgerpärchen«, das jedes Jahr neue Abschnitte geht. Die beiden erzählen mir, dass das ursprüngliche Donativo ebenso die Idee impliziert, dass ein Pilger sich Geld aus der Spendenbox nehmen darf, wenn er es denn auch tatsächlich benötigt. Bis dato habe ich noch keinen Pilger dies tun sehen. Logischerweise ist dies auch nicht unbedingt erwünscht.

4. August 2017
Yenne – Saint-Genix-sur-Guiers

Heute mache ich zu Mittag halt und meditiere vor einem Bach, auf einem großen Stein sitzend. Zuerst wende ich die Body-Scan-Meditation an und anschließend fokussiere ich mich auf meinen Brustkorb und lasse die Gedanken vorbeiziehen.

Meditation

Hochmut tut selten gut, wobei, wenn er mich etwas gelehrt hat, dann Folgendes: demütiger und bedachter vorzugehen. Ein Beispiel gefällig? Bei meinem ersten Schulskikurs in Großarl in der dritten Klasse des Gymnasiums kam es zu einem schweren Skiunfall. Ich bin mit einem ziemlichen »Hodan« (Hodan kommt aus dem Mostviertlerischen und bedeutet auf Deutsch: hohe Geschwindigkeit), um meiner damaligen ersten Freundin Tanja zu imponieren, über einen großen Kicker gesprungen und hatte laut Ärzte »a fette Masn« (ein Riesenglück), dass ich an jenem Tag ausnahmsweise keinen Skihelm aufhatte, ansonsten würde ich heute im Rollstuhl sitzen oder vielleicht sogar nicht einmal mehr in die Tasten tippen können.

Ich landete knallhart auf dem Rücken und erlitt eine schwere Gehirnerschütterung. Zwei Tage habe ich im Krankenhaus fast ausschließlich mit Schlafen verbracht. Infusionen und Tabletten haben meinen Schmerz gestillt, allerdings auch mein Immunsystem ziemlich durcheinandergebracht. Allergien (Birke, Erle, Gräser, Pollen, manche Politiker etc.) und Migräne (Sehausfälle und Kotzen inklusive) waren daraufhin über Jahre meine treuen Wegbegleiter. Doch dank der Empfehlung meiner Taufpatin, einer Physiotherapeutin, habe ich immer wieder erfolg- und hilfreich die Kunst der Meditation praktiziert – vor dem Schlafengehen, beim Zugfahren oder auch in der Kirche.

Durch die Meditation hat sich meine Beziehung zu meiner Innenwelt verstärkt. Der Umgang wird ein anderer, man wird achtsamer, ehrlicher und liebevoller. Insofern bin ich heute dankbar, dass ich damals durch die Erschütterung und durch meine Taufpatin auf die Meditation kam und meinem Wesen mehr auf den Grund gegangen bin.

Mit 14 Jahren hatte ich den Traum, mit Zen-Buddhisten zu meditieren. Und so bin ich schließlich über den Benediktinermönch Br. David Steindl-Rast auf Puregg gestoßen, das Haus der Stille in Dienten am Hochkönig in Salzburg. In einer gut versteckten

Almhütte, die zu einem wunderschönen Zendo umgebaut wurde, habe ich mit Managern, Sozialarbeitern, Lehrern und »waschechten« Buddhisten meditiert, gearbeitet und philosophiert.

Mein Französisch ist so gut wie die Einfühlsamkeit mancher Politiker bezüglich Flüchtlingen, also very, very low. Aber, wie die Merki-Oma immer schon zu sagen pflegte: »Bua, mit Händ' und Fiaß hat ma si immer nu verständigen kinna!«

Wenn man dann auf die liebe Brigitte und den lieben René, die leider kein Wort Englisch sprechen, stößt, und nach wildem Herumfuchteln mit den Händen und Füßen in ihrem prachtvollen Garten eine Liege, als Bett umkonstruiert, bekommt, dann weiß man, warum sich einst die vielen Pantomime-Spielrunden mit der Familie ausgezahlt haben.

5. August 2017
Saint-Genix-sur-Guiers – Le Pin

Am Ortsende von Le Pin komme ich an einem einfachen Haus mit schönem Vorgarten vorbei – die Goberts leben hier. Ich frage Denis Gobert und seine Tochter, ob ich denn in ihrem Vorgarten übernachten dürfe. Er antwortet mit »No!«, bietet mir aber die Möglichkeit, im Hintergarten zu schlafen. Schnurstracks gehen wir in den wild bewachsenen Hintergarten, wo er in seinen Bagger steigt und mir tatsächlich einen flachen Schlafplatz baggert! I'm not kidding! True story!

Seine Tochter und ich müssen so sehr lachen, dass ihm vermutlich selbst in jenem Moment bewusst wird, wie absurd die Situation eigentlich ist. Wir gehen wieder in den Vorgarten zurück, um Roséwein und selbst gemachtes Schwarzbier zu verkosten. Ebenso stärken wir uns mit französischem Käse und kreieren einen Bauchmuskelkater durch das viele Lachen.

Ich nütze den Nachmittag, um wieder in die Tasten zu tippen und genau solche Geschichten in schriftlicher Form festzuhalten, weil vieles ansonsten schnell in Vergessenheit gerät. Dieser kuriose Tag wird mir aber zweifelsohne ewig in Erinnerung bleiben!

Während ich schreibe, spannt mir Denis seine Hängematte im schönen Vorgarten auf. Doch das ist noch nicht alles – zum Abendessen kochen er und seine Familie groß auf. Wie? Na ja, sie kochen Pulpo! Ja, Pulpo! Warum? Ich habe erwähnt, dass ich mich auf Galizien schon so sehr freue, weil diese spanische Gegend für ihre kulinarischen Spezialitäten bekannt ist.

Doch die Geschichte ist noch immer nicht zu Ende. – Der gute Denis stellt ein kleines Glas Feigenmarmelade auf den Tisch und sagt, dass ich diese erst in Marrakesch essen dürfe, anschließend gut auswaschen müsse, mit Orangenblättern anfüllen und ihm zusenden solle.

Das ist der Deal, und natürlich werde ich diesen einhalten. Und dann ergänzt er noch, dass ich übrigens gerne auf der Couch übernachten könne. Dieses Angebot lehne ich allerdings dankend ab, weil die Hängematte so verdammt gemütlich aussieht.

6. August 2017
Le Pin – Revel

Auf dem Weg nach Revel feile ich an einem Blogeintrag zum Thema »Instagram«, den ich erst Wochen später poste:

Ich liebe Schönes und es ist mir eine Freude, diese Momente ab und an in Form eines Bildes festzuhalten. Doch nicht immer. Weil ich nicht möchte, dass zwischen dem Geschehen und mir ein iPhone im Weg ist, das dieses Spannungsfeld unterbricht.

Ich habe die letzten Monate so viele Porträtfotos mit meiner Community geknipst bzw. geteilt wie in meinem gesamten Leben nicht. Natürlich freue ich mich über diese gelungenen Bilder, weil sie mich an vergangene Tage erinnern, weil sie mir ein Spiegelbild meiner Zufriedenheit sind. Zufrieden mit meinen Umständen, meinem Aussehen, zufrieden mit meinem Innersten.

Ja, es macht mir Spaß, Social Media zu nützen. Absolutely! Vor allem die Instagram-Storys haben es mir angetan. Es bereitet mir Freude, meine kreative »Storytelling-Ader« mit diesem Medium auszuleben.

ABER Instagram bzw. die sekundär genutzten Medien, wie Facebook, machen natürlich auch etwas mit dir, mit mir, mit uns. Das Potenzial des Narzissten, der in jedem schlummert, wartet auf die Likes, auf die wachsenden Followerzahlen, auf die Shares – auf schnelles Egofood oder egoistisches Fastfood.

In diesen drei Monaten des Social-Media-Crashkurses und »Bekannter-Werdens« ist es gut, pilgernd unterwegs zu sein, weil man im Gleichschritt sein Tun hinterfragen kann. Ich habe noch keine Blasen auf dem rechten Daumen vom Tippen ins iPhone, noch immer keinen steifen Nacken vom Handy-Gucken, noch immer keinen Handy-Ellbogen vom iPhone-aus-der-Hosentasche-Ziehen, aber ich habe Unterschiede im Verhalten mit meinen Nächsten bemerkt. Ich war da, aber doch nicht so präsent wie sonst. Ich führte mehr Wortwechsel und weniger Dialoge.

Als ich das gemerkt habe, wollte ich mein Verhalten ändern, um nicht zum iPhone-Zombie zu mutieren. Ganz im Gegenteil! Ich bin ja pilgernd zu Fuß unterwegs, um Mensch zu werden.

Am Anfang wollte ich mich von der Masse leiten lassen, wollte ich Ähnliches tun wie die anderen. Ein paar Selfies, viele Porträts von mir selbst und Texte posten, die gewiss ziehen. Aber mit jedem weiteren Schritt wurde mir klar, dass ich da nicht mitmachen will, dass ich meine Seele nicht verkaufen möchte, ich nicht meinen Narzissten in mir durch Likes füttern möchte.

Ich bin froh, dass ich Instagram heute bzw. hier am Camino nütze – mit mehr Selbstreflexion und Bedacht. Genauso wie ich froh war, dass ich erst mit 18 Jahren Facebook zu nützen begonnen habe, weil ich mir sonst durch unüberlegte Posts mein Leben verpostet hätte.

Und deswegen hat sich und wird sich mein Instagram-Verhalten verändern. Wie? Was? Warum? Ich möchte nicht etwas posten, nur weil es den anderen gefällt, sondern weil es meines Erachtens richtig ist, dies zu posten. Ich möchte nicht die Scheinwelt noch »scheinheiliger« gestalten, sondern versuchen, dem Schein mehr Sein einzuflößen. – Aber gut. Ich bin auch kein Wunderwuzzi. Ich bin Ernst. Ernst, der VERSUCHT, diesem Medium mit Achtsamkeit zu begegnen, um mich selbst nicht in eine Richtung zu begeben, die mir nicht entspricht. Und ich möchte nicht geblendet werden, nicht blind sein, sondern hellsichtig sein – vor allem in der Social-Media-Welt, weil man sonst schneller unter die Räder der Scheinwelt kommt, als man will.

Aber ... es ist nicht alles schlecht an Social Media. Dieses Medium kann auch einiges bewegen, Menschen zum Nachdenken anregen und auch Politisches bewirken, wie die Vergangenheit (siehe #MeToo-Kampagne) beweist. Auch wenn ich es mir selbst manchmal nicht eingestehen möchte und lieber ein Experiencer statt Influencer sein möchte, bin ich doch Letzteres. Ich fühle mich verantwortlich, stelle mich der Verantwortung und versuche deswegen, mit meinen Botschaften sehr bedacht vorzugehen. Jessas, gelingen tut's mir auch nicht immer. Aber im Leben geht's doch immer stets um den Versuch eines achtsameren bzw. bewussteren Umgangs.

Als Pilger wird man auf Händen getragen, so auch in Revel. Als ich in der Geisterstadt ankomme, fahren zwei Künstlerinnen mit ihrer kleinen Karre an mir vorbei. Wild fuchtelnd und mit einem Grinser im Gesicht kann ich sie davon überzeugen, stehen zu bleiben.

Ich beginne das Gespräch mit meiner Standard-Phrase: »Do you speak English?« Und sie mit der französischen Standard-Antwort: »Just a little!« »Do you know a place where I can sleep tonight?« »Oui, oui, oui!!!« Eine der beiden holt ein Zelt und eine Matratze aus ihrer Wohnung und bietet mir dies als Ersatzbett an, weil ihre Wohnung zu klein ist. Nachdem ich das Zelt in der Dunkelheit aufgebaut habe, trinken wir zu dritt sechs Schwarzbier (drei gehen auf das Konto des Pilgers ...) und essen Brötchen mit Biokäse vom Opapa sowie sündhaft gute Süßigkeiten. Nach Lachkrämpfen geht's Allah sei Dank um 0.30 Uhr schließlich und endlich ab in die Heia.

7. August 2017
Revel – Chavanay

Da ich das ungewisse Abenteuer liebe, komme ich, wie an fast jedem anderen Abend, mit einer Portion Urvertrauen, Naivität und Courage im nächsten Dörfchen an. Today it's Chavanay! Natürlich könnte ich mir die nächstbeste Herberge gönnen, aber das erschiene mir zu einfach und so läute ich bei einem bescheidenen Häuschen an und frage, ob ich auf dem Balkon übernachten könnte.

Ein Mann öffnet, er kennt sich sofort aus, was ich will, obwohl er kein Wort Deutsch oder Englisch spricht. Er zieht seine Birkenstock-Schuhe an und führt mich zu seinem künftigen Haus, das mitten in der Renovierungsphase steckt. ABER es befinden sich zwei Betten im Eingangsbereich, die ich dann zu einem Doppelbett umkonstruiere, zwecks der Gemütlichkeit, versteht sich. Strom, Leselämpchen, Sandwich und Kaffee werden von seiner Frau serviert ... Danke, liebe Ersatzeltern aus Chavanay!

8. August 2017
Break in Chavanay wegen Unwetters

An einen Weitermarsch ist wetterbedingt nicht zu denken. Stattdessen schreibe ich an einem Artikel für eines meine Lieblingsmagazine, Ursache&Wirkung, und für Bergwelten.com, checke E-Mails, instagrammiere, telefoniere mit 10.000 Menschenfreunden, kläre meine zu hohe T-Mobile-Handyrechnung ab und spiele Poker mit potenziellen Partnern. I still love my job. Job? Ja, mittlerweile ist mein Traum zu einem spürbaren Beruf geworden, weil ab und an Tätigkeiten abgewickelt werden müssen, auf die ich mich nicht zwingend freue.

9. August 2017
Chavanay – Les Sétoux
Ich suche bewusst wieder einmal eine 08/15-Herberge (8 Betten, 15 Euro und ein Schnarcher im Zimmer. Halleluja! Das hat mir noch gefehlt ...).

10. August 2017
Les Sétoux – Tence
Julien, Seifenproduzent und Ex-Pilger, lässt mich in seiner »Into the Wild«-ähnlichen Hütte übernachten. Das Gute an dieser Geschichte ist, dass die Räumlichkeiten mit dem Duft seiner selbst gemachten, biologischen Eselsmilch-Thymian/Lavendel-Seifen angereichert sind. Der Haken ist, dass zurzeit scheinbar die Eisheiligen in Frankreich auf Besuch sind und über die schlecht isolierten Fenster mit mir kuscheln wollen. Ich hoffe, sie sind nur auf Kurzbesuch hier?!

11. August 2017
Tence – Saint-Julien-Chapteuil
Heute wäre Le Puy-en-Velay als Ziel angedacht, aber nachdem mir die Kälte bzw. schlaflose Nacht körperlich so sehr zugesetzt hat, bremse ich mich ein wenig ein und »beschlagnahme« mit zwei Pilgerinnen, Claudia und Rachel, eine öffentliche Herberge in Saint-Julien-Chapteuil. Nein, wir haben nicht gekuschelt. Ich habe seit längerer Zeit wieder einmal ein Einzelzimmer für mich und kann somit in aller Ruhe schnarchen.

Meine erste Paella seit einem Jahr Abstinenz schmeckt richtig, richtig gut. Für alle, die noch nie Paella gegessen haben: es handelt sich um ein spanisches Reisgericht. Paella ist quasi das spanische Schnitzel – ein Nationalgericht, das vor allem entlang der Ostküste Spaniens bzw. im Raum Valencia auf jeder Speisekarte zu finden ist.

12. August 2017
Saint-Julien-Chapteuil – Le Puy-en-Velay

Auch heute hätte ich ein anderes Ziel geplant, nämlich Chapelle Saint-Roch. Aber die bezaubernde Stadt Le Puy-en-Velay verdammt mich durch ihre Schönheit dazu, hier zu verweilen. Im Café »Le P'tit Creux« bietet mir eine Kellnerin spontan an, in ihrem Bett zu nächtigen. Ich bekomme die Möglichkeit, mir wieder einmal Gemüsereis zu kochen, Grüntee zu servieren und meine Wäsche zu waschen, die mittlerweile dem Geruch eines Ziegenbarts ähnelt. So ehrlich muss ich sein: Ab und zu hätte ich ein Parfum von Jean-Baptiste Grenouille durchaus nötig ...

Eigentlich wollte ich die Gunst der Stunde nutzen und in der Stadt ausgehen, in der viele weitere Pilger morgen früh wieder losziehen werden. Aber um 21 Uhr setzt sich die tägliche Müdigkeit durch, sodass ich friedlich einschlafe und von meiner Lieblingsstadt und meinen Lieblingsmenschen träume.

13. August 2017
Le Puy-en-Velay – Village X

In einem unbekannten Dorf (Village X) angekommen, grüße ich einen Herrn herzlich, der an einem Fenster eine Zigarre raucht. Ganz nach dem Motto »Wie du mir, so ich dir« grüßt er mich zurück. Sein Name? Paul. Der liebe Paul lädt mich nach Absprache mit seiner Frau und Chefin, Margarete, auf Fisch, Käse und köstlichen Weißwein ein. Das Riesendoppelbett und die richtige Merkinger-Matratzenhärte laden meine Batterien wieder voll auf. Am nächsten Morgen geht's weiter Richtung Les Estrets.

14. August 2017
Village X –Saugues

Da im Dorf kein Superladen vorzufinden ist, frage ich ein Pärchen, ob ich ihnen etwas abkaufen kann. Sie antworten auf Englisch: »No, that's not an option, but we have another idea! Come!« Ich folge ihnen und helfe der Familie beim Reinigen ihrer Ernte. Als Gegenleistung bekomme ich zwei hart gekochte Eier, ein Sandwich mit Wurst, Butter, Zwiebel und nicht zu vergessen ein herzliches Lächeln, wobei – nein! Es sind insgesamt vier herzliche Lächeln. Zufrieden gehe ich in mein bescheidenes Heim, eine Marienkapelle mit zwei Bänken und zwei Decken als Matratzen-Ersatz. That's enough. Für heute zumindest. Gute Nacht, liebe Welt! Ich übe mich im Fasten, dann weiß ich den »Luxus« wieder mehr zu schätzen.

15. August 2017
Saugues – Les Estrets

Maile, die Kakao-Ceremony-Meditations-Meisterin, pilgert mit mir ein paar Tage in den Süden. Deswegen ist die heutige Endstation Les Estrets. Beim Ortsbrunnen warte ich auf die Gute, die mit BlaBlaCar (App für Mitfahrgelegenheiten) eintrudeln wird, der Umwelt und Geldbörse zuliebe.

Während ich auf die liebe Maile warte, ergibt sich mit den Einheimischen Achilles und seinem Vater ein nettes Gespräch. Achilles führt ein Leben ohne Geld, geht regelmäßig containern (mülltauchen) und lebt im Haus seines Freundes.

Mittlerweile wisst Ihr ja, dass ich nicht auf den Mund gefallen bin – also könnt Ihr euch selbst ausdenken, dass ich auch mit anderen ins Plaudern komme und sie uns ... richtig! ... einladen. ABER, das Besondere an der heutigen Unterkunft: Maile und ich schlafen in einem Bus! Ja, in einem Bus! Saukalt war's, aber auch saulustig.

16. August 2017
Les Estrets – Nasbinals

Heute bin ich die meiste Zeit mit einem französischen Pilger unterwegs, der seit zwei Monaten geschieden ist. Wir sprechen über seine Scheidung, die ihn schmerzt, weil er seine Frau immer noch liebt, und wir sprechen über Fußball und Meditation.

08/15-Herberge, die Zweite, und es wird nicht die Letzte sein. Gefühlte hundert Pilger kehren in dieser Herberge ein. Zum Glück bin ich mit Damian, Claudia, Marie, Maile und Peter in einem Zimmer. Schnarcher on board? Fehlanzeige! Lucky us!

17. August 2017
Nasbinals – Saint-Chély-d'Aubrac

Es wird wieder einmal Zeit, im Freien zu zelten – immerhin hat Madame Maile extra ein Zelt aus der schönen Schweiz mitgenommen. Wir fragen bei zwei privaten Anlaufstellen charmant an, ob es möglich sei, im Garten zu übernachten, und scheitern kläglich. Im dritten Anlauf dürfen wir das Zelt in einem majestätischen Garten aufstellen. »You deserve what you get!« Nach dem Geruch meiner Klamotten fühle ich mich selbst eher obdachlos als majestätisch – zum Glück ist meine Vorstellungskraft sehr ausgeprägt.

Um den ziegenbockähnlichen Geruch vom Leib zu bekommen, suchen wir die Pilgerherberge auf, in der unsere Freunde (Damian, Claudia und Marie) nächtigen. Sie gewähren uns Eintritt in ihre Dusche. Als Gegenleistung gibt's eine geführte Meditation von Maile und mir.

18. August 2017
Saint-Chély-d'Aubrac – Saint-Côme-d'Olt

Oh no, die gute Maile wird mich morgen verlassen – wie kann sie mir dies nur antun?! Nein, ganz so schlimm ist es dann auch wieder nicht. Ich habe mich die Tage mit ihr im Digital-Detox-Dasein geübt und den intensiven Austausch sehr genossen.

Heute übernachten wir in einer einfachen Gîte, um unter anderem der Kälte zu entkommen und den Komfort (Warmwasser statt eiskaltes Quellwasser, Feder- statt Lehmbett, eine Schnarcherin statt zehn Schnarcher) zu genießen.

Achtung, Achtung! Maile ist auf dem Weg!

19. August 2017
Saint-Côme-d'Olt – Golinac
Maile und ich haben bis zum Nachmittag zwei Stunden meditiert, philosophiert, uns eine Thai-Massage gegönnt und eine warme Mahlzeit eingenommen, genauer gesagt einen grünen Salat mit »Gmias & Kas« (Gemüse und Käse). Deswegen bin ich in Golinac erst um 22.30 Uhr in die Campingplatz-Gîte eingekehrt. Der liebe Damian und die liebe Claudia haben mir zum Glück ein Bett reserviert, sonst hätte ich bei fünf Grad Celsius wohl oder übel im Freien übernachten müssen.

20. August 2017
Golinac – Conques
Nicht das erste, aber gewiss das letzte Mal, dass ich in einer Kirchen-Herberge übernachtet habe. Warum? Beim Pilgern habe ich, wenn ich schlechte Erfahrungen gemacht habe, diese nur mit Priestern gemacht.

In Conques hat ein junger Pilgerfreund, ein Student, gefragt, ob er gratis oder zumindest billiger als üblich übernachten dürfe, weil er von Nürnberg nach Santiago gehe und nur ein geringes Budget für die Reise habe. »No, it's not possible«, war die eiskalte Antwort eines Kuttenträgers. Wenn man bedenkt, dass die Kirche auf Milliarden sitzt, könnte ich mich in solchen Momenten verbal übergeben, habe ich auch fast getan, aber leider sind meine französischen Fluchwort-Kenntnisse sehr begrenzt.

Zum »Glück« gibt es nach einem »über«haltenden Gespräch mit Gundula Welti, die 21 Jahre bei Walt Disney Consumer Products in Florida und Paris gearbeitet hat und demnächst ein Buch (unter anderem mit einigen US-Stars) publizieren wird, ein »Furz-Konzert« eines Pilgers im 20-Mann-Schlafraum. Das lässt mich obigen Vorfall schnell vergessen und ich schlafe mit einem Lachmuskelkater erschöpft ein.

21. August 2017
Conques – Livinhac-le-Haut

Ich habe bis dato noch nie reserviert, doch dieses Mal hätte es sich durchaus ausgezahlt. Eben weil ich nicht reservierte, bekomme ich in der Gîte »La Magnanerie« statt eines Federbetts nur ein »Lehmbodenbett« angeboten – aber immerhin mit Zelt, das mir der Gastgeber zur Verfügung stellt.

22. August 2017
Livinhac-le-Haut – Figeac + 5 km

Die Stadt Figeac ist mir zu urban, zu langweilig, zu modern und auch zu wenig idyllisch, deswegen entscheide ich mich fürs Weiterschwitzen bei 36 Grad im Schatten. Nach circa fünf Kilometern stoße ich auf eine feine Pilgerherberge und auf einen noch viel feineren Gastgeber, den ich eigentlich nur um einen Schluck Wasser bitten wollte. Doch seine Geschichte, die Begegnung mit einem Schamanen, der ihm das Augenlicht wiedergeschenkt hat, fesselt mich und überzeugt mich zu bleiben.

So sitze ich allein in der Herberge, finde Hermann Hesses »Siddhartha« in der hauseigenen Bibliothek vor und lese, nach einer gefühlten Ewigkeit, endlich wieder ein paar Zeilen in meinem Lieblingsbuch. Dann koche ich Reis mit Zimt, schneide kleine Apfelspalten, und rühre eine zermatschte Banane und einen Schuss Zitrone darunter.

Einer meiner Hauptgründe, warum ich in der letzten größeren Stadt Figeac keinen Halt gemacht habe, war, dass ich allein sein wollte, dass ich wieder einmal den »Luxus« genießen wollte, allein in einem Saal zu schlafen und für mich selbst zu kochen.

23. August 2017
Figeac – Cajarc
Oh, du liebe Silvia!
Vor einem indischen Kleidershop mache ich's mir gemütlich, um neben der stilvollen Musik genüsslich mein verspätetes Mittagessen (Oliven, Schafkäse und Schwarzbrot) zu verschlingen, während Silvia, die Inhaberin des Shops, und ihre Freundinnen sich köstlich über mich amüsieren. Und ich? Ich steige in ihren »Waggon der Lebensfreude« ein, woraufhin Silvia mich am Arm packt und Richtung Wohnung geht. – Nein, nein, nein! Keine Angst! Sie hat mich nicht »abgeschleppt«, aber zumindest aufgenommen in ihr prachtvolles Heim.

Da ich am Nachmittag an weiteren Artikeln gearbeitet habe, kehre ich erst um 20 Uhr zur Wohnung zurück. An der Tür finde ich einen Notizzettel vor, auf dem »Come to our neighbour's party!« steht. Ihr Wunsch ist mir Befehl! Und so habe ich mit den Potters und ihr philosophiert, auf das Leben angestoßen, spannende Pilgergeschichten erzählt und Anekdoten von Künstlern aus Neuseeland und Südafrika gelauscht. Bei der Verabschiedung habe ich sie herzlich eingeladen, mich doch einmal in Wien besuchen zu kommen, woraufhin sie es sich nicht nehmen ließen, mich nach Kapstadt einzuladen. Fair enough.

24. August 2017
Cajarc – Le Mas De Graniou
Und wieder einmal eine 08/15-Herberge irgendwo im Nirgendwo. Nach einem 45-km-Marsch bin ich sehr froh, eine Herberge zu finden. Sie ist so stilvoll ist wie der unaufgeräumte Keller so mancher Haushalte. Aber ich habe einen Schlafplatz und einen spannenden Gesprächspartner, einen Ex-Militäroffizier.

25. August 2017
Le Mas De Graniou – Lhospitalet

Und wiederum lande ich irgendwo. Dennoch oder gerade deswegen ist die gepflegte Herberge mit wunderschönem Garten, in dem sich auch ein Trüffelschweinchen aufhält, ein absoluter Geheimtipp. Für alle Trüffelschweine und Schwammerlsucher: Ja, ich befinde mich in einem Trüffelparadies!

Und wieder komme ich sehr spät an. Fast zu spät. So spät, dass jene Pilger, die mit dem Rad fuhren (Cheater!!!), das Dessert schon eingenommen haben. Sie sind überrascht, mich zu sehen, weil sie glaubten, ich habe mich in der letzten Ortschaft niedergelassen. Sie bieten mir ein Bierchen an, verpflegen mich mit einer delikaten Linsensuppe (Sorry, Mum, aber das war wahrscheinlich die beste Linsensuppe in meinem Leben!), und die lieben Kanadier schenken mir als Nachspeise M&Ms. Als Nachschlag hole ich mir noch ein zweites Bierchen. Life is treating me very well!

Ob ich im Alter auch noch solche knackigen Waden haben werde? Ich hoffe doch.

26. August 2017
Lhospitalet – Montcuq

Ja, Sie haben richtig gelesen, Montcuq is it. Montcuq würde übersetzt bedeuten: »Mein Arsch«. So hat es mir zumindest eine Französin erklärt. Wie auch immer ...

Der Zufall will es scheinbar so, dass ich den lieben Georg aus Nürnberg treffe. Der alte Knacker lässt sich einfach nicht abschütteln! Und so übernachten wir beide bei einem Hospitalero-Paar (Pilgerbetreuer), das uns herzlichst bedient.

Georg ist auf dem Papier 72, gelernter Schlosser, war über 23 Jahre Fernfahrer und ist seit ein paar Jährchen Rentner. Er hat viel erlebt, das sieht man seinen »Geschichts-Falten« an. Diese sichtbaren Geschichten haben ihn lebendig gehalten, denn sonst kommt man wohl in diesem Alter nicht auf so eine »verrückte« Idee, von Nürnberg nach Finisterre zu pilgern.

Ein paar Tage nach dem Geburtstag seiner Frau ist er aufgebrochen – ein Gentleman, wie er im Buche steht. Das Fernweh hat den Ex-Fernfahrer wieder gepackt, woraufhin seine Freunde eine Reportage über ihn drehen wollten. Doch er wollte da nicht mitmachen. Georg will seine »Ruah«.

Georg ist ein, wie wir im Mostviertel zu sagen pflegen, Mostschädl/Sturschädl, der sein Herz auf der Zunge trägt. Der die Dinge so anspricht, wie er sie empfindet. Er sei schon immer so gewesen, sagt er. Seine Art haben ihm Freunde, auf die er zählen kann, und Feinde, auf die er verzichten kann, beschert.

Seine Tochter hat ihm geraten, beim Pilgern alle acht Tage eine Pause einzulegen. Seine Schwester hat gemeint, er spinne. Seine Frau war überzeugt, dass er nach zehn Tagen abbrechen würde. Aber mittlerweile hat dieses Nürnberger Original schon mehr als 1300 Kilometer in seinen Haxen, legt selten Pausen ein, »läuft« bis zu 35 Kilometer pro Tag und ist immer noch nicht müde, weder im Kopf noch in den Waden, die auch einem 27-Jährigen (mir!) gehören könnten – ohne Übertreibung.

Nach der Verwirklichung seines Traums will er unbedingt seiner Tochter beim Hausbauen helfen. Und er will geistig und körperlich fit bleiben, um keine Belastung für seine Nächsten zu werden. Es sei schlimm, wenn sich schon 60-Jährige zum Schuhbänder-Zubinden niedersetzen müssten. »Im Alter zumindest versuchen, fit zu bleiben, ist man seinen Liebsten schuldig. Sonst müssen diese wegen meiner vergangenen Faulheit mit ihrer wertvollen Lebenszeit dafür aufkommen«, sagt er.

Auf die Frage, wann er denn in Santiago ankommen und wann er wieder zu Hause zurück sein möchte, weiß er keine Antwort und will sie auch nicht wissen – diese Freiheit braucht er für seine Pilgerreise.

Ja, eine Hochpotenz »Inspiration« wird unumgänglich in die Adern eines Pilgers injiziert, wenn man entlang des Wegs solche Geschichten, wie von Georg oder Damian oder Claudia oder Lisa oder Laura oder ... hört.

Sie zeigen auf, dass es nie zu spät ist, zu träumen, sich zu verändern, sein Leben zu leben oder an so etwas wie Liebe zu glauben. Und der liebe Georg hat wieder einmal gezeigt, dass es nie zu spät ist, seine Träume zu realisieren. Nie! Auch mit 72 Jahren nicht.

PS: Natürlich habe ich Georg diesen Beitrag vorgelesen, ob denn die Fakten so stimmen und ob ich diesen auch in dieser Form online stellen darf. Nachdem ihm der Inhalt des Texts ein paar Mal ein Schmunzeln auf die Lippen gezaubert hatte, hat er mir sein größtes Geheimnis anvertraut: Nach zwei Wochen Pilgern habe er seine Tochter in Ulm angerufen, dass er ernsthaft überlege, sich ein Rad zuzulegen, weil seine Füße so sehr schmerzen. »Meine Fußsohlen haben gebrannt wie Sau!« Doch das Universum war nicht auf seiner Seite. Es war »leider Gottes« Samstag und alle Geschäfte waren geschlossen. Und am Montag waren seine Füße wieder frisch und somit war die Idee, ein Rad zu kaufen, verflogen.

Lieber heute als morgen pilgern, denn 70 Jahre sind schnell vorüber.

27. August 2017
Montcuq – Moissac
Servus Moissac!
Nach einer knackigen 43-km-Tour bin ich wirklich müde. Sehr müde sogar. Es wird Zeit, dass ich wieder auf mein Schlaf-Soll komme, nachdem ich die letzten Wochen immer bis spät in die Nacht gearbeitet habe. Neben der aktuellen körperlichen, aber auch mentalen Belastung, sind sechs Stunden Schlaf definitiv zu wenig. Umso erfreulicher, dass ich in Moissac noch rechtzeitig vor Wind und Regen eine Unterkunft finde, dank meiner gefinkelten Intuition, die mich in eine Seitengasse getrieben hat (Ihr müsst wissen, dass ich enge Seitengasse liebe). Eine Jakobsmuschel an einer türkisgrünen Tür verrät, dass die Besitzer des Hauses den Pilgern positiv gesinnt sind, und so ist es dann auch.

Mission completed … doch vorher noch einen Beitrag online stellen.

Es geht um das Thema »**Alternative und Hard Facts über das Pilgern**«:

1.) Weniger Geld macht den Pilger reicher, reicher an Erfahrungen zumindest. Die einzige Frage, die Sie sich ehrlich stellen sollten: Sind Sie ein Abenteurer oder gestalten Sie sich lieber den Abend teurer? Macht es Ihnen etwas aus, wenn Sie öfter mal hangry (hungry + angry) zu Bett gehen und Ihr Schlafplätzchen aus Lehm statt Federn besteht? Dann empfehle ich Ihnen doch sehr, aus prophylaktischen Gründen zumindest bei Papas Konto anzudocken und mindestens 500 Euro/Monat zu transferieren (legal oder illegal, das ist Ihnen bzw. Ihrem Gewissen überlassen), damit dem knurrenden Wamperl at least Mampfimampfi garantiert ist.

2.) Wie sich's als »Food-Nazi« in Frankreich leben lässt …
Haben Sie eine Gluten- oder Laktoseunverträglichkeit? Sind Sie Pflanzerlfresser statt Allerleifresser? Und Sie wollen sich dementsprechend auf dem Jakobsweg ernähren? Puh, das wird schwierig! Selbstverständlich gilt, wie immer im Leben: Wo ein Wille, da ein Weg! Aber wer kann schon französischem Käse mit Walnüssen, Prosciutto und Honigbeträufeltem widerstehen?! Also mein Wille nicht. Und der Wille des Herrn soll ja geschehen.

Diese kulinarischen Momente sind so verführerisch wie ein Kabarett von Peppi Hader oder des persischen »Teppichverkäufers« Niavarani. Aber klar, wenn man eine Unverträglichkeit hat, dann ist das ein französischer Kas. In Autriche bin ich Vegetarier, der selten Gluten schnabuliert. Am Jakobsweg bin ich Gluten- und auch Fleischfresser. Mein Motto: »Was auf den Tisch kommt, wird gegessen – ohne Wenn und Aber!« oder »Was der Bauer nicht kennt, isst er auch.« Der knurrende Magen stellt den schwachen Willen nach 30 Kilometern schachmatt.

Eines muss man den Franzosen lassen – die lieben Franzinnen und Franzen wissen das Leben kulinarisch zu zelebrieren. Verveine, Pulpo, Ziegenkäse … Wenn ich nur daran denke, fließt Sabber aus meinem Goscherl. It's heaven!

3) »Geschüttelt! Nicht gerührt!« Dass man auf Händen getragen wird, ist keine Legende aus der Pilgerbibel, sondern ein Faktum. Pilger helfen Pilgern. Einheimische helfen Pilgern. Ja, es wird sogar gemunkelt, dass Kühe den Pilgern mit frisch gemolkener Milch Stärkung zukommen lassen, wenn man sie nur muhend darum fragt. »Liebe Kuh, bitte nicht geschüttelt, sondern gerührt!« Ob diese Sage der Wahrheit entspricht, werde ich bei nächster Gelegenheit exklusiv für Sie in Erfahrung bringen.

4) Pilgermania auf dem Jakobsweg
Die Wege nach Santiago werden immer voller. It's a fact. Hape, Paulo oder der Film »The way« – Kategorie »sehenswert« – haben das Ihre dazu beigetragen. So mancher Peregrino meint, dass sich dies um eine falsche Entwicklung handle, weil viele Einheimische nur noch pilgernde Geldscheine sehen, der Tourismus die Routen verändert, um die »Hatschenden« vor ihre überteuerten Hotels zu lotsen. Wenn man nur noch schwer die Stille findet, ist es unterm Strich kein ursprüngliches Pilgern mehr.

Der Doktor des Pilgerns, Ernst Merkinger, ist da zum Teil anderer Ansicht. Die Sehnsucht nach mehr Menschlichkeit scheint eines der Hauptmotive für viele Pilger zu sein. Die Menschenkinder machen sich wieder auf, um sich zu besinnen, um ihren Wurzeln auf den Grund zu gehen, und am Camino findet man wieder Qualitäten, die einem abhandengekommen sind.

Das Betreten der Adern des Jakobswegs reinigt die verstopften Adern des Menschen, und just spürt man sich selbst wieder, Lebendigkeit kehrt ein. Der Weg hat so viel Kraft (das ist keine Legende), dass menschliche Qualitäten (wie Nächstenliebe, Mitgefühl oder Hingabe) durch das Entstauben und Wiederverbinden der Synapsen wiederentdeckt werden. Dass die Pilger, die aus allen Winkeln dieser Welt kommen, die wiederentdeckten Kraftpartikel mit nach Hause nehmen und andere mit »Pilgeritis« und Menschlichkeit anstecken, ist doch großartig, oder?!

Im Ernst,

Ernst

28. August 2017
Moissac – Auvillar

Auvillar ist eine Stadt der Künstler, wie mir scheint. Und so höre ich beim abendlichen Spaziergang zwei deutsche Pianistinnen bei ihrer Generalprobe »klimpern«. Ich möchte nochmals betonen, dass es sich um die GeneralPROBE handelt. Meine Liebsten, die mich besser kennen, wissen, dass ich Live-Piano-Musik liebe. Pardon, über alles liebe! Und so frag ich nach, ob sie mir denn Eintritt gewähren wollen, damit ich den schönen Klängen noch besser lauschen kann. Und? Richtig! Mir wird Eintritt gewährt. :)

In der sehr schlichten, aber stilvollen Gîte muss ich mir eine andere »Musik« zu Gemüte führen – die Klänge des Herrn Franzosen, der nicht nur schnarcht, sondern auch wie das »Ja! Natürlich«-Schweinchen grunzt. Obendrein lüftet dieses »Gfrast« mitten in der Nacht zig Male durch und muss auf dem Balkon eine rauchen!!! Ich denke mir nur eines: »Einatmen, ausatmen. Einatmen, ausatmen. Bleib ruhig, Junge! Er wird sich bestimmt gleich wieder niederlegen, schlafen und ... weiterschnarchen!! Ahhh ...« Und so entscheide ich mich, ins Wohnzimmer umzusiedeln.

Sie meinen, dass ich das Problem dadurch gelöst habe?! Denkste! Tatsächlich kommt dieser 60-jährige »Sacklpicker« um drei Uhr morgens rüber und kocht Kaffee! Ja, Sie haben richtig gelesen! Kaffee! Um drei Uhr morgens!!! Allerdings denke ich mir dann: »Ausgezeichnet! A guade G'schicht' fiar mei Biachl ...!« Und kann friedlich und mit einem Grinser im Gesicht einschlafen.

29. August 2017
Auvillar – Lectoure

Donativo is it. Donativo bedeutet, dass der Pilger fürs Übernachten spenden kann, was ihm möglich ist oder was er für angemessen hält, ODER, falls der Pilger tatsächlich Moneten benötig, sich Spendengeld einstecken kann. Ja, wir Pilger helfen zusammen.

Im Donativo bekochen uns, Claudia, Carsten, Nadège und mich, die Hospitaleros Christian und Christine. Beim Essen spucke ich vor lauter Lachen beinahe den Priester, der mir gegenübersitzt und mit uns schmaust, an – weil ich mit meinem deutschen Pilgerfreund immer wieder über obszöne Dinge spreche. Ein Abend, an dem ich nicht die besten Sitten an den Tag lege. Nein, ich würde mich sogar als unhöflich bezeichnen.

30. August 2017
Lectoure – Condom

Ja, ich bin in Condom angekommen. Also in der Stadt Condom. Und das Condom, äh, ich meine die Stadt Condom, ist sehr schön, insbesondere die Kirche, aber auch der heutige Schlafsaal, der ursprünglich ein Weinkeller war. Claudia, Carsten, Nadège und ich kehren dort ein und treffen Julia, eine 23-jährige Ex-Lehrerin, die bereits nach sechs Monaten das klassische Schulsystem satthatte und sich stattdessen dem Reisen verschrieben hat.

Notiz am Rande: Deutsche Touristen sprechen mich an, ob ich denn dieser »ernstJETZT« sei. Sie wollen unbedingt ein Selfie mit mir machen. Das mag wohl daran liegen, dass im deutschsprachigen Raum bereits einige Medien über mich berichtet haben, unter anderem die Salzburger Nachrichten.

10 ÖSTERREICH MONTAG, 3. JULI 2017 Salzburger Nachrichten

Die G'schichten sind des Pilgers Lust

Pilgern liegt im Trend, seit Hape Kerkeling „dann mal weg" war. Ein junger Mann tut es ihm nach und macht doch sein eigenes Ding. Ernst Merkinger geht zu Fuß von Wien nach Marrakesch.

SN-THEMA
Menschen hinter Schlagzeilen

KARIN PORTENKIRCHNER

WEISTRACH, SALZBURG. Was ist das für ein Mensch, der zu Fuß 3000 Kilometer gehen will, von Österreich nach Marokko, zur heißesten Zeit des Jahres? In einem schwülen Gastgarten in der Stadt Salzburg sitzt ein braun gebrannter, gut aussehender junger Mann mit grün-blauen Augen und einem charmanten Lächeln, der offen und ungezwungen von seinem Leben erzählt. Dafür, dass Ernst Merkinger bereits um 6 Uhr von St. Gilgen am Wolfgangsee aufgebrochen ist und an diesem Tag schon 40 Kilometer in den Beinen hat, wirkt er erstaunlich frisch.

Um Definitionen ist er nicht verlegen. „Pilger. Rotzbua. Mensch", steht auf seiner Visitenkarte. Diese überreichte er im Vorjahr am Heiligen Abend an André Heller, und zwar in dessen „Anima"-Garten in Marrakesch. „Das war Zufall. Wir waren um 17 Uhr dort, haben ihn getroffen, und er hat uns kurz sein Refugium geöffnet", erzählt der 26-Jährige. Eine Begegnung, die sein Leben verändert habe. Überhaupt sei das Aufsuchen inspirierender Orte und Persönlichkeiten wesentlich, um den Sinn im eigenen Leben zu erkennen.

Marokko sei so ein inspirierender Ort. „Das Land hat mich angezogen", sagt er. Wegen der Gärten, der Märkte, aber auch wegen der Wüste. „Marrakesch ist für Kreativlinge die Destination schlechthin: das pure Chaos, das gleichzeitig geordnet und schön ist." Auf jeden Fall mehr als Grund genug, um diese Stadt wieder aufzusuchen. Nur diesmal zu Fuß.

Aufgewachsen ist Merkinger im Mostviertel, genauer gesagt in Weistrach, einer kleinen Gemeinde an der Grenze zu Oberösterreich. Nach der Matura in Linz begann er ein Studium, das er abbrach, „weil mir das Theater in die Quere gekommen ist". Merkinger arbeitete als Regiehospitant beim Haager Theatersommer unter Intendant Gregor Bloéb. Die Gage von 350 Euro pro Monat nahm er in Kauf. Schlussendlich spendeten die Schauspieler einen Teil ihrer Gage für ihn, „und im Endeffekt habe ich richtig gut verdient".

Später zog es ihn nach Salzburg, genauer gesagt zum Fernsehsender Servus TV. Als Assistent in der „Bergwelten"-Redaktion lernte er Extremtypen wie Kletterer David Lama oder Bergsteigerlegende Reinhold Messner kennen. „Aber irgendwann wollte ich nicht mehr für jemand anderen arbeiten, sondern mein eigenes Ding machen."

Er trennte sich vor eineinhalb Jahren einvernehmlich vom Sender und beschloss, einen Teil des spanischen Jakobswegs zu gehen. Allein. Aus religiösen Gründen? „Nein, ich bin nicht religiös im klassischen Sinn, aber spirituell. Vom lateinischen ‚spiritus', dem Atem, Geist oder Hauch. Man könnte sagen, ich versuche, dem Leben mehr Leben einzuflößen", philosophiert Merkinger.

Die erste Pilgerreise brachte ihn auf den Geschmack. Der 26-Jährige spricht von „der Magie des Pilgerns", die von den Menschen komme, die man treffe, und von den „G'schichten", die sie erzählten. „Ich liebe ganz besonders diese Kombination aus Schmäh und Tiefgründigkeit. Es gibt für mich nichts Schöneres."

Der Niederösterreicher Ernst Merkinger geht zu Fuß von Wien nach Marrakesch. BILD: SN/MAXIMILIAN KRONBERGER

Die „G'schichten" teilt der Mostviertler auch gern, und zwar über die sozialen Medien. Er schreibt regelmäßig auf seinem Blog WWW.ERNST-JETZT.COM und postet jeden Tag Fotos auf Instagram. Dort veröffentlicht er auch „Story"-Beiträge, die sich nach 24 Stunden von selbst wieder löschen. Er erreicht damit über 2700 Personen.

„Die Rückmeldungen sind überwältigend, ich erhalte sehr viel Zuspruch", sagt Merkinger, der sich seine Reise nicht nur über Sponsoren, sondern auch über Crowdfunding finanziert. Wer möchte, kann auf seinem Blog eine persönliche Videobotschaft kaufen (acht Euro), sein eigenes Karma ein wenig oder stärker aufbessern (sechs oder 30 Euro) oder sogar einen multimedialen Vortrag übers Pilgern bei ihm buchen (400 Euro). Wie viel Geld er bereits erhalten habe, will Merkinger noch nicht verraten. Nach seiner Reise werde er alle Einnahmen offenlegen und zehn Prozent davon spenden.

Einige Menschen begleiten ihn auch auf seinem Weg: Sein Vater, sein Opa, seine ehemaligen Arbeitskollegen, aber auch völlig Fremde, die ihn über seine Homepage kontaktieren, wandern mit ihm mit. Der prominenteste Begleiter war bisher „Weltenwanderer" Gregor Sieböck, der ihn über 40 Kilometer begleitete und auch beherbergte.

Über die Strapazen eines derartig langen Fußmarschs verliert der 26-Jährige nicht viele Worte. Dass er seine Familie sehr lange nicht sehen wird oder dass an jedem seiner Füße drei Zehen ein Pflasterl tragen. „Man kommt beim Pilgern irgendwann in einen Rhythmus, wo man ‚wahr nimmt', also wo man die Wahrheit so nimmt, wie sie ist. Man hat sein Bestes getan, man hat seine Zehen, so gut es geht, abgepickt, und dann ist es einfach, wie es ist."

Pilgern, das sei aber auch irgendwie „Flüchten für Reiche". Vielen Menschen bleibe keine andere Wahl, als ihr Zuhause hinter sich zu lassen und Tausende Kilometer zurückzulegen. Wobei der Mostviertler rasch betont, dass er nicht auf der Flucht sei. „Das ist kein Aussteigen", sagt er und spielt mit seinem Armband aus grünen Holzperlen – wie so oft während des Gesprächs. Welche Bedeutung es für ihn hat? Da wird der sonst so offene junge Mann plötzlich geheimnisvoll.

Ebenso wenig will er Details über den „magischen Event" preisgeben, der im Oktober im „Anima"-Garten in Marrakesch stattfinden und den Schlusspunkt der Pilgerreise von Ernst Merkinger bilden soll. André Heller wünschte ihm jedenfalls in einer Videobotschaft „wenig wunde Füße und große Gelassenheit": „Ich bin gespannt, zu hören, was Sie erzählen werden." Wie viele andere auch.

Aus: Salzburger Nachrichten, 3.7.2017
Abdruck mit freundlicher Genehmigung

31. August 2017
Condom
Breakday

Mein linker Knöchel schmerzt! Es passiert zum ersten Mal auf meiner Reise, dass mir der Fuß wehtut. Schon beim Aufstehen heute Morgen fällt mir auf, dass der Kerl etwas zwickt. Beim Frühstück erkenne ich, dass er wirklich schmerzt, und nach den ersten 200 Pilgermetern muss ich feststellen, dass es heute keinen Sinn hat. Und so kehre ich wieder zurück. Ich nutze den Tag, um wieder einmal zu Hause anzurufen und mich zu erkundigen, was denn so abgeht.

1. September 2017
Condom – Nogaro

Typisch Ernst, wird sich der eine oder andere denken. Gestern legt er noch eine Pause ein, weil er Angst hat, dass der Fuß nicht hält, und am nächsten Tag geht er 52 Kilometer.

Ich gehe heute quasi zwei Etappen, obwohl ich mir gestern wegen starker Knöchelschmerzen große Sorgen gemacht habe. Gestern bin ich bereits nach 200 Metern wieder in die Gîte zurückgekehrt, als Vorsichtsmaßnahme, versteht sich. Doch, wie gesagt, der linke Fuß hat mich heute eines »Besseren« belehrt. Halleluja!

Einer der Hauptgründe, warum ich so weit gelaufen bin, sind meine Pilgerfreunde: Claudia (CAN), Nadège (FRA), Julia (GER), Anna (SWE) und Georg – ja, der alte Sack ;-) hat mich überholt. Die Lieben checken für mich einen Schlafplatz in einer Gîte. Merci!

Achtung, süßer Hund voraus!

2. September 2017
Nogaro – Aire-sur-l'Adour

Dieser Tag ist sehr turbulent. Ich korrigiere: sehr, sehr turbulent und actionreich. Warum und weshalb? So viel sei verraten: Nadège ruft die Polizei an. Und am Abend ruft auch Julia die Polizei an. Ja, man könnte durchaus eine Staffel »CSI Jakobsweg« oder »Soko Jakobsweg« drehen.

Der Jakobsweg wird immer mehr zum »Jakobinaweg«. Was ich damit meine? Dass der Pilgerweg immer mehr von Frauen erobert wird. Weniger Testosteron also on the way to Santiago. Frauen allein auf Reisen – dies ist meines Erachtens ein gutes Zeichen und eine erfreuliche Entwicklung, die auch zeigt, dass mögliche alte Ängste abgelegt wurden. Diese Information hat sich allerdings auch bis zur Welt der Perverslinge durchgesprochen, und manche leben ihre pathologische Ader aus ...

Ein negatives Erlebnis hat mir meine kanadische Pilgerfreundin Claudia erzählt. Sie wurde in der Schweiz mitten in einem Wald 15 Minuten lang von einem großen nackten Mann begleitet, er hat sich dabei selbst befriedigt. Da ihr Rucksack 18 Kilogramm wog und sie bereits 25 Kilometer marschiert war, hatte sie nicht fliehen können. Und weil dieser »Saukerl« stark und mächtig war, hat sie auch ihren Pfefferspray nicht gezückt.

Dann war da noch Nadèges schlimmes Erlebnis. Sie wurde beim Pilgern von einem Mann überrascht, der splitternackt aus einem Maisfeld sprang. Der Mann war stark behaart und hatte auch noch eine Maske auf. Er hat Nadège zwar nicht attackiert, aber sich eben auf sein »Zumpferl« gegriffen. Sie ist schreiend davongelaufen und hat die Polizei gerufen. Aber bis diese vor Ort war, hatte der Unbekannte schon längst das Weite gesucht. Und das, obwohl die Polizei Nadège sofort orten konnte, weil sie ihr GPS eingeschaltet hatte. Kreidebleich habe ich sie dann im nächsten Dorf angetroffen. Doch legte sie diese Schreckfarbe bald wieder ab, weil sie kein Drama daraus machen wollte. Sie war glücklich, dass nichts Schlimmeres passiert war und versuchte den Vorfall mit Humor aufzuarbeiten.

Am selben Tag kommen wir noch in Aire-sur-l'Adour an. Julia und Alon holen sich von einem Imbissstand einen Snack, während ein Spanier hinter einem Baum sie beobachtet und sich selbst befriedigt. Julia zückt sofort das Handy und macht ein Video bzw. Fotos von ihm – während er seine Hose anzieht, zum Auto läuft und davonfährt. Julia ruft sofort die Polizei an, die sie darauf verweist, doch morgen noch einmal anzurufen. Ja, Sie haben richtig gelesen, »am nächsten Tag« solle sie wieder anrufen ...

Ob diese Perverslinge Wiederholungstäter waren, je erwischt wurden und eine Strafe eingefahren haben, weiß ich bis heute nicht.

Am Abend kehre ich in eine 15-Euro-Pension ein. Nothing really special. 10 Betten. 10 liebe Menschen. Kein Schnarcher.

3. September 2017
Aire-sur-l'Adour – Arzacq-Arraziguet

Ich merke, dass mein Körper einen Pausentag benötigt. In den letzten Tagen hat sich jeweils eine andere Stelle bemerkbar gemacht. Einmal der linke Knöchel, einmal die rechte Wade, einmal der Rücken ... – »Herr Ernst, hier sprechen dein Körperminister und deine Gesundheitsministerin, es wird Zeit, auf uns zu hören!«

Abends checken wir, Claudia, Nadège, Julia, Anna und Georg – ja, der alte Racker lässt sich wirklich nicht abschütteln – in einer riesigen Herberge ein. Die Herbergen werden allgemein größer und größer, weil Tag für Tag mehr und mehr Pilger dazustoßen. Man darf gespannt sein, ob sich die Lage ab der Grenzstadt Saint-Jean-Pied-de-Port drastisch verändern wird ...

4. September 2017
Arzacq-Arraziguet – Maslacq

Mein Highlight des Tages sind die drei Sandwiches, die ich mir in einem urigen Supermarkt als Vorspeise genehmige. Dann heißt es: »Donativo again!«

Zum Glück treffe ich einen sehr inspirierenden 58-jährigen Deutschen, mit dem ich gemeinsam eine Kleinigkeit koche. Mit 50 hat er beschlossen, sich seinen Traum zu erfüllen und in Entwicklungsländern mitzuarbeiten. Zwei Jahre arbeiten, sechs Monate arbeitslos, zwei Jahre arbeiten, sechs Monate arbeitslos, zwei Jahre arbeiten, sechs Monate arbeitslos ... so läuft der Hase in seinem Leben seit acht Jahren. Ein Arbeitsmodell, von dem ich in dieser Form noch nie gehört habe. Work-and-Travel-Typen treffe ich immer wieder, aber nicht Work-and-Arbeitslosen-Traveler.

5. September 2017
Maslacq – Navarrenx

Mir wurde gesagt, dass die Gîte d'étape l'Alchimiste einer der Fixpunkte am Jakobsweg sein sollte. Dass ich diese Empfehlung hier in schriftlicher Form weitergeben kann, hat sich an diesem Vollmondabend bewiesen.

In den Städten oder kleinen spanischen Dörfern am Abend zu feiern und vielleicht mal ein »Damenspitzerl« einzufahren, gehört zum Pilgern dazu, wie in Galicien Paella oder Pulpo zu schlemmen. ABER genauso wichtig sind auch die kontemplativen Momente. Die Momente der Besinnung, die Momente der Tiefgründigkeit. Orte der Besinnung, die den Camino auszeichnen, findet man entlang des Weges immer wieder vor.

»Qualitätsherbergen« im Format von Grañón oder der Gîte d'étape l'Alchimiste sind sehr, sehr rar. Leider! In einem meiner vorigen Beiträge habe ich Grañón erwähnt. Heute ist l'Alchimiste dran. Ein Ort, der keinen kaltlässt. Der Gold wert ist. Vor allem Vegetariern empfehle ich diese Herberge. Noch nie zuvor wurde ich mit derartig künstlerisch zubereitetem Essen entlang des Weges verwöhnt, inklusive Bio-Qualität!

Die meisten Pilger starten in Saint-Jean-Pied-de-Port. Ich rate dazu, an die oben erwähnte Stätte des »Alchemisten« zurückzukehren und dort die Pilgerreise aufzunehmen. Es wirkt wie eine innere Initialzündung bei einer längeren Tour, die auch das »Beten mit den Füßen« verstärkt.

Des Pilgers liebster Kraftort nach einem langen Tag – das Bett.

6. September 2017
Navarrenx – Larribar-Sorhapuru
Erfreuliche Nachrichten: Die liebe Alisa aus Deutschland, genauer gesagt aus Berlin-Kreuzberg, ist aufgekreuzt und wird mich ein paar Tage begleiten. Von Berlin nach Bilbao. Von Bilbao mit dem Bus in die Pampa. Wir übernachten in einer nicht zwingend empfehlenswerten Unterkunft. – Warum? Weil er wieder da ist! Wer? Der Furzer! Der, der in der Nacht nicht schnarcht, aber mal gern ein Fürzchen ziehen lässt … Yummy!

7. September 2017
Larribar-Sorhapuru – Saint-Jean-Pied-de-Port
Es tut gut, in Saint-Jean-Pied-de-Port anzukommen. Diese französische Stadt ist quasi der Ausgangspunkt der meisten Pilger auf dem Jakobsweg. Allein 400 verrückte Pilgerinnen und Pilger werden sich morgen aufmachen. Über 400!!! Wir, Alon, Julia, Henning, Claudia, Alisa und ich haben etwas außerhalb des Zentrums eine Herberge für 12,50 Euro/Nacht gefunden. Nothing special, außer das ultraschnelle Internet.

Noch ein Wort zum gestrigen Tag: Ich habe mich riesig über das Eintrudeln eines Pakets gefreut. Was drin war? Neue Schuhe (alte Schuhe siehe Foto!), Gaba-Tee, Darmbakterien, eine Uhr und Postkarten – von meinen Großeltern, Tante Christina und Mum. Hat sich ein wenig wie Weihnachten angefühlt.

Nach über 2000 Kilometern haben meine Schuhe (sponsored by Steppenwolf) ausgedient.

Hard Facts nach drei Monaten

- 90 Tage zu Fuß unterwegs: 2100 km (Wien – Saint-Jean-Pied-de-Port), 3.000.000 Schritte (Danke lieber Körper, lieber Geist und liebe Seele)
- 1 Speibsi-Tag
- 1 Linker-Knöchel-tut-weh-Tag
- 0 sec an meinem Projekt gezweifelt
- 10 Bierli (davon 6,5 in Feldkirch)
- 2 Glaserl Rot
- 4 Glaserl Weiß
- 12 Schnapserl (10 bei den Feiersingers)
- 20 Baguettes gegessen
- 20 Meter Baguettes gegessen

- 8 Pausentage
- 1.456.069 beantwortete E-Mails (gefühlte Schätzung)
- 328.973.502.358.962.059 beantwortete Liebesbriefe auf Instagram erhalten (#AlternativeFacts)
- 25,6 km im Schnitt/Tag gehatscht (exklusive Pausentage)
- 23,3 km im Schnitt/ Tag gehatscht (inklusive Pausentage)
- 8 km mindestens pro Tag gepilgert
- 56 km maximal pro Tag gepilgert
- 7 Stunden netto/Tag zu Fuß unterwegs
- 8 Stunden brutto/Tag zu Fuß unterwegs
- 91 Prozent meiner Follower auf Instagram sind weiblicher Natur (true!)
- 5 Länder bewandert (Österreich, Deutschland, Liechtenstein, Schweiz, Frankreich)
- 7 Nächte im Freien geschlafen
- 0 Euro bis in die Schweiz für eine Unterkunft ausgegeben
- 6980 Instagram-Follower mehr (seit 1. Juni 2017)
- 450.000 Impressionen auf Instagram/Woche
- 3 Bundesländer, die mir besonders gerne folgen? Wien, Tirol, Salzburg – was ist los, Niederösterreich?
- 8 Blasen, davon 2 Blutblasen
- 8 verheilte Blasen
- 2 Top-Stars (Gregorio Sieböckio & MaddieMaddie)
- 2 Bergwelten.com-Artikel (»Es geht los« & »Zu zweit oder allein«)
- 10 Interviews (NÖN, Salzburger Nachrichten, Tiroler Tageszeitung, Tiroler Krone, ein Schweizer regionales Blatt, Radio OÖ, goodblog.at, FAZ, Spiegel Online, Reisereporter.de)
- 999 Facebook-Likes auf meinen ersten Bergwelten-Artikel (Kann mir jemand den Gefallen tun, 4-stellig zu werden?)

Saint-Jean-Pied-de-Port, der Ausgangspunkt von 400 Pilgern an einem Septembertag 2017.

8. September 2017
Saint-Jean-Pied-de-Port – Roncesvalles

Dies ist wahrscheinlich der intensivste und beschissenste »Spaziergang« so far. Warum? Linker Schritt, Schmerzen. Rechter Schritt, Schmerzen. Linker Schritt, Schmerzen. Rechter Schritt, Schmerzen ... und dies 40 km lang! Nonstop.

Als Ex-Migränepatient weiß ich mit Schmerzen sehr gut umzugehen und diese hinzunehmen. Doch jeder Step hinauf und hinunter fühlt sich so an, als würde mir jemand gegen oder auf meine Zehen treten. Wäre ich Opus-Dei-Mitglied, würde dies vorbildhaft sein, bin ich aber nicht.

Das nicht vorhandene GPS-Signal, der 16 Kilometer lange Umweg, die Null-Prozent-Akku-Leistung meines iPhones und die unerträglichen Schmerzen (also gehe ich die letzten neun Kilometer mit meinen »Birkenstockis«) motivieren mich dazu, meine Trinkflasche wutentbrannt auf den Boden zu knallen, sodass auch noch mein Wasser ausrinnt! Dieser Tag ist kein Highlight, sondern mein bisheriges »Lowlight«!

Meine Reifen, sprich Wanderschuhe, sind mit Abstand das Wichtigste an meinem Projekt. Nachdem ich so viel Vertrauen in diese »Zauberschuhe« aufgebaut hatte, bestellte ich dieses Modell in derselben Größe nochmals. Doch die »42 again« waren ein Fehler. Im Schuhshop sagte man mir, es sei nach 2000 Kilometern keine Seltenheit, dass man die Wanderschuhe um eine Nummer größer nehmen müsse. Dies soll aber jetzt nicht heißen, dass der Weltenwanderer Gregor Sieböck, der bisher mehr als 20.000 Kilometer (!) »gehatscht« ist, statt seiner ursprünglichen Schuhgröße 43 nun 53er trägt ... Just saying!

Um 19.30 Uhr komme ich in Roncesvalles einziger Gîte communal an, die Plätze für Hunderte Pilger zur Verfügung stellt. Doch diese ist voll. Bummvoll! Completo! Und somit wollen mich die Hospitaleros mit dem Taxi in eine fünf Kilometer entfernte Ortschaft bringen, wo für »gestrandete« Pilger noch Schlafplätze angeboten werden. Da ich am nächsten Tag aber nicht nach

Roncesvalles zurückgebracht worden wäre, ist dies ein absolutes No-Go!

Das wäre für mich in die Kategorie »Cheating« einzuordnen – und Cheaten geht nicht. Echt nicht! Ich gehe nicht 2140 Kilometer zu Fuß und lasse ich mich dann fünf Kilometer in die nächste Ortschaft kutschieren. No way!

Wie Ihr wisst, lautet mein Motto: »Wer das Leben zu ernst nimmt, hat das Spiel nicht verstanden!« Aber wenn es um Ehrlichkeit geht, dann fährt die Merkinger-Eisenbahn drüber. (Buchtipp: »The Importance of Being Earnest« by Oscar Wilde).

Und so hätte ich vorgehabt, bei nur vier Grad im Freien zu übernachten – wäre da nicht die liebenswerte Claudia gewesen, die mit mir ihr Einzelbett geteilt hat. God bless this human being!

Ach ja, und: God bless die französischen Touristen (siehe weiter unten), die mich um 14 Uhr nicht nur mit Trinkwasser, sondern auch mit Gaumenfreuden versorgt haben, darunter Schwarzbier, Rotwein, Couscous-Salat, französischer Käse, Pizza und baskische Spezialitäten. HERRLICH! <3

Meine Raststätte und Tankstelle am 8. September. Diese herzlichen französischen Touristen haben mich mit galizischen Spezialitäten verköstigt.

9. September 2017
Roncesvalles – Larrasoaña

Ich bin heilfroh, nach 7 Uhr in Zubiri anzukommen. Jeder Schritt ist immer noch eine Qual. Dementsprechend hat sich ein blauer Zehennagel entwickelt, der mir nochmals vor Augen führt, dass ich mir asap (spätestens übermorgen früh) neues Schuhwerk zulegen werde.

Morgen schließt sich übrigens für mich ein Kreis – ich kehre an jenen Pilgerort zurück, der im März 2016 mein Ausgangspunkt war: Pamplona. Ich freue mich besonders, diese Stätte wiederzusehen, die mich vom Homo idioticus etwas näher zum Homo sapiens transformiert hat.

Die heutige Albergue ist nicht erwähnenswert, aber der Supermercado umso mehr. Falls Sie einmal in die Nähe dieser Ortschaft kommen sollten, müssen Sie zwingend den einzigen Supermarkt aufsuchen. Entertainment und ein großartiges Ambiente sind garantiert!

Im Ernst, Ernst!

Ein billiger Versuch meiner Pilgerfreundin Claudia, in der Kathedrale von Pamplona erleuchtet zu werden.

10. September 2017
Larrasoaña – Pamplona
It's heaven. Die Ankunft in Pamplona beseelt mich. Es kommen so viele Erinnerungen aus vergangenen Tagen hoch. Ich suche auch die Orte auf, wo ich 2016 geschlafen habe, wo ich losgegangen bin, wo ich Skyler (CAN), Francesco (ITA) & Co. zum ersten Mal getroffen habe. It's great to be back on my old track.

Auch heute ist es wieder schwierig, zwei Betten zu finden. Nach ein paar Anrufen finden wir noch ein Hostel, das uns Eintritt gewährt. Nothing special, aber good enough for me.

Heute poste ich wiederum einen Beitrag auf meiner Webseite ernstjetzt.com. Der Anlass ist, dass ich meine Userinnen und User überraschen möchte, wie meine Reiseroute bis Marrakesch weitergeht …

»Es kommt manchmal anders, als erwartet«
1970 hieß es für meine Großeltern »Next stop Casablanca!«, und auch nach meinem Marsch von Wien über Weistrach, das Salzkammergut, Kitzbühel, Thun, Genf, Le Puy, Saint-Jean-Pied-de-Port, Pamplona, Santiago und Finisterre wird es Selbiges aus dem Lautsprecher für mich zu hören geben. Finisterre wird als das Ende der Welt bezeichnet. Aber keineswegs als das Ende des Pilgerns. Einmal Pilger, immer Pilger! Könnte man meinen. Jede Pilgerreise ist auf alle Fälle ein Schritt zu sich selbst, eine Erinnerung an seine menschlichen Qualitäten, die es nicht nur auf dem Weg, sondern darüber hinaus zu leben gilt.

»Wer glaubt, ein Christ zu sein, weil er die Kirche besucht, irrt sich. Man wird ja auch kein Auto, wenn man in eine Garage geht.«
Albert Schweitzer

»Wer glaubt, ein Pilger zu sein, weil er den Jakobsweg besucht, irrt sich. Man wird ja auch kein Auto, wenn man in eine Garage geht.«
Ernst Schweitzer …

Ob die Pilgerreise weitergeht, liegt in den Füßen, äh … natürlich den Händen des Pilgers. Und deswegen möchte ich auch einen weiteren Schritt in Form eines Fluges nach Casablanca tun. An jenen Airport zurückkehren, der 1970 meine Großeltern separat landen hat sehen. Warum separat? Weil im Falle eines Absturzes zumindest ein Elternteil die Großfamilie weiter versorgen hätte können.

Für mich hat Finisterre eine sehr starke Symbolkraft. Für mich ist Finisterre das eigentliche Santiago. Der Ort, den ich letztes Jahr, aber auch heuer von Anfang an als mein europäisches Endziel angesehen habe. Für mich war der Weg von Wien bis Saint-Jean-Pied-de-Port ein Aufarbeiten und Loslassen meiner Vergangenheit. Ab Saint-Jean-Pied-de-Port ein Verinnerlichen meiner Werte. Und der Weg von Casablanca bis »Marra« wird der Weg der Inspiration sein, der den Funken in mir mit Holz zum Feuer entfachen wird.

Ich weiß, ein paar Leute haben vergeblich gemeint, dass ich über Gibraltar hinübershippe in den Süden. Aber das hätte für mich nicht denselben emotionalen Reiz dargestellt, wie den Camino Francés zu bestreiten, der Erinnerungen vom letzten Jahr hochkommen hat lassen, oder wie an jenem Ort zu landen, der meine Großeltern 1970 und mich 2016 so sehr beseelt hat wie keine andere Reise. Und schließlich sind es die Emotionen, die mich antreiben, die das Leben erfüllen, und nicht die Ratio oder Erwartungen anderer.

Meilensteine wie Genf, Le Puy-en-Velay, Saint-Jean-Pied-de-Port und Pamplona habe ich nun erreicht – allerhöchste Zeit, voller Freude und Demut zurückzublicken:

- Wenn dir dein Onkel, deine Tante oder dein Großonkel eine Summe überweisen, die du normalerweise zur Hochzeit bekommst,
- wenn dir dein Firmpate, der Chefredakteur eines renommierten deutschen Magazins ist, zu deinen Texten gratuliert,
- wenn dein Onkel dir den Rücken stützt, indem er dich wissen lässt, dass er dir jederzeit Geld zukommen lässt, wenn du dies brauchen solltest,

- wenn dir deine Eltern deine Beiträge Korrektur lesen oder eine Sammelbestellung nach Saint-Jean-Pied-de-Port senden,
- wenn dich deine Großeltern anrufen und Schutzengel zusenden,
- wenn deine Großmutter deine Meinung zur katholischen Kirche nicht teilt, aber trotzdem für dich betet,
- wenn wildfremde Menschen deine Crowdfunding-Kampagne unterstützen,
- wenn Menschenkinder aus Deutschland, Österreich und der Schweiz extra anreisen, nur um mit dir pilgern zu können,
- wenn dich deine Freunde und Freundinnen bis zu deiner Abreise und darüber hinaus mental begleiteten,
- wenn dich deine Ex-Chefs anrufen und dir zu deiner Arbeit gratulieren,
- wenn dir als Fremdling unzählige Male ein Bett und Essen angeboten werden,
- wenn du Tag für Tag beseelende Gespräche führst, die deinen Horizont erweitern,
- wenn dir Ex-Freundinnen einen »Karma-Boost« zukommen lassen,
- wenn du von Sponsoren angeschrieben wirst, weil sie mit dir zusammenarbeiten möchten,
- wenn dir »unzählige« Ex-Freunde deiner Schwestern Mut zusprechen oder deren Schulkollegen regelmäßig Geld überweisen,
- wenn du Menschen auf dem Weg triffst, die dich erinnern, dass es nur den ehrlichen Weg gibt,
- wenn du für ein Buch interviewt wirst, für das Madonna, Christiano Ronaldo und Barack Obama ebenso interviewt werden,
- wenn dein Ex-Schulkollege Christoph F. regelmäßig Videonachrichten bestellt und wartet, bis der Buchpreis raufgeht,
- wenn du feststellst, dass der Reitlehrer deiner Schwester Geld auf dein Konto überwiesen hat,
- wenn Thomas Brezina täglich deine Fotos liked und sich Instagram-Storys ansieht,

- wenn selbst dein »ziemlich bester Feind« dich finanziell unterstützt,
- wenn dir eine Ex-Arbeitskollegin einen Schlafplatz anbietet,
- wenn dich, vor dem Kindergarten im Freien schlafend, eine 85-jährige Frau mit Frühstück überrascht,
- wenn du von einer WWOOFerin Geld zugesteckt bekommst,
- wenn du nach knapp drei Monaten eine SMS von deiner allerersten »UnterKUNSTgeberin« erhältst, dass sie dich längerfristig sponsern möchte,
- wenn Sepp »6 Videonachrichten von unterwegs« auf einmal bestellt,
- wenn das Ledermair-Unternehmen dir ein iPhone schenkt,
- wenn dir dein Großcousin projektbezogene Tipps gibt,
- wenn sich die Schwiegereltern deiner Schwester äußerst großzügig erweisen,
- wenn dir Gregor Sieböck sein Bett als Schlafplatz anbietet und er selbst auf der Couch schläft,
- wenn Personen dich begleiten, die dich geprägt und inspiriert haben,
- wenn dich ein Mensch auch vorher schon beruflich unterstützt hat,
- wenn du im Pfaffenhofener Turnsaal übernachten darfst und Völkerball mit Madeleine Alizadeh spielst,
- wenn du beim Pilgern die Möglichkeit bekommst, Luxus zu genießen, dank Tirol Werbung oder dem Hotel »Zur Pfeffermühle«,
- wenn du Pilger antriffst, die zu deinen Freunden werden,
- wenn du für Magazine schreibst, die du normalerweise nur liest
- – ja, dann macht das was mit dir, dann drückt sich deine Dankbarkeit in Form von schwitzenden Augennetzhäuten und durch ein strahlendes Lächeln aus. Und es sprudelt ein lautes und klares »DANKE« aus deinem Goscherl heraus.

PS: Man möge mir verzeihen, falls ich jemanden vergessen haben sollte!

11. September 2017
Pamplona
Breakday

Meine letzte Pause ist schon etwas länger her, deswegen wird heute gefaulenzt. Ich nütze die Pause, um meine Schuhe beim Schuster zu stretchen, um zumindest eine halbe Nummer rauszuholen. Dann kommt auch noch die liebe Kathi, die über Instagram auf mich aufmerksam geworden ist, extra aus dem schönen Innviertel angereist, um mit mir ein paar Tage mitzugehen.

Was ich mir sonst noch so vorgenommen habe?! – Die wunderschöne Stadt zu erkunden, Artikel zu schreiben, aber auch Lesen und Yoga sind angesagt. Ja, endlich wieder einmal Yoga! :)

Meine Tante wohnt auf Hawaii, genauer gesagt Maui, und da sie wöchentlich neben Schildkröten oder Walen im Meer schnorchelt, in der nächstgelegenen Ortschaft Yoga praktiziert und an Oprah Winfreys Haus in der Thompson Road vorbeispaziert, habe ich mich bei meinen zwei Besuchen in diesem Inselparadies immer wieder ihren Ritualen angeschlossen. Damals dachte ich mir, dass Yoga nichts Permanentes für mich sei, dennoch haben mich die Langzeit-Yogis fasziniert. Welche Gelassenheit sie zumeist ausstrahlten! Es hat ganze sieben Jahre gebraucht, bis ich final im Februar dieses Jahres mit »Yogaritis« infiziert wurde.

Bei diversen Interviews wurde ich gefragt, wie ich mich konditionell auf die mehrmonatige Pilgerreise vorbereitet habe. Meine Antwort: »Ich bin kein einziges Mal vorher wandern oder laufen gegangen, dafür aber regelmäßig in Wiener Yogastudios gepilgert bzw. habe mich für eine Woche bei einem Yoga-Retreat in Spanien (Malaga) auf meinen Fußmarsch vorbereitet, mental und physisch.

Yoga ist für mich der perfekte Ausgleich zum intensiven Alltag. Ich praktiziere Yin-, Ashtanga-, Vinyasa-Yoga … und der Geist klärt sich wie von selbst, wie trübes Wasser in einem Glas, und obendrein wird der Hintern so knackig wie eine Walnussschale, die Organe werden durch die tiefe Atmung massiert und die Lungenflügel sind überrascht über die Spannweiten.

Mir ist heute schon klar, dass ich nach meiner Rückkehr als »neuer Selbstständiger« in der Bubble von Social Media verschiedene Rituale und fixe Termine unter der Woche brauche, die mich verwurzeln, die mir helfen, das Wesentliche nicht aus den Augen zu verlieren, um mein Wesen zur Gänze zu leben.

Und so habe ich dann Montag/Mittwoch/Freitag oder manchmal auch jeden Tag zu Hause oder in den Yogastudios versucht, meinen Körper, Geist und mein Seelenleben in Einklang zu bringen. Bis dato kann ich sagen: Mission erfolgreich.

Blog-Eintrag: »Ja, ich glaube an Kraftplätze«

Es gab auch Zeiten, in denen dem Pilger ernstJETZT gar nicht zum Lachen zumute war. Ganz im Gegenteil, meine Augen können auch richtig gut schwitzen. So außerordentlich gut, dass ich mich eigentlich von Tempo oder Oh! It's a feh! sponsern lassen sollte (Ok, das war jetzt übertrieben). Aber das ist auch gut so, denn wer nicht weint, ist kein Mann. Nur wer seine Gefühle zeigt, ist ein Mann!

Doch damit es einem »gut pilgert« bzw. gut geht in Zeiten der Rush Hours, ist es wichtig, Kraftorte aufzusuchen, die einen wieder verwurzeln und zugleich fliegen lehren.

Ja, ich glaube, dass es so etwas wie Kraftorte gibt – das Siebenstern-Café im 7. Bezirk Wiens, mein Ex-Heimatort Weistrach oder meine Toilette sind einige der vielen Beispiele. Lassen Sie sich doch zuerst einmal auf Kraftorte ein, bevor Sie darüber urteilen. Ich verspreche Ihnen, dass Energie frei wird.

Drei »Special Places« haben es mir besonders angetan und deswegen möchte ich diese mit Ihnen ein wenig genauer unter die Lupe nehmen.

1) Wurzelwerkstatt
Ich habe mich bei dieser Überschrift vertippt. Es handelt sich nämlich um DIE Wurzelwerkstatt. Ja, so ein Retreat gibt's kein zweites Mal. Gut versteckt in der Nähe von Lunz am See, an einem Ort,

wo sich Fuchs und Hase noch gute Nacht sagen und wahrscheinlich sogar Ureinwohner tief im Wald leben, gibt es ein prachtvolles Haus. Häuser können noch so prachtvoll sein, aber wenn sie nicht von Lebendigkeit erfüllt sind, dann haben sie keinen Wert. Durch eine junge Bande – Alexandra (Yogalehrerin), Ella (Grafikerin), Sophie (Pädagogin) und Max (Fotograf und seines Zeichens Aszendent Skorpion) – wird dieses Gebäude erst zu jenem magischen Krafthaus. Yoga, Kräuterwanderungen, das Fotografieren, Kochen, Lachen, Lesen, Schreiben, Malen, Basteln, Brot backen, ... lassen einen das StupidPhone vergessen. Mark »Sugarmountain« (»Gesichtsbuch«-Gründer) hat für ein paar Tage NICHT meine Aufmerksamkeit, dafür aber habe ich das, was wirklich zählt – unser Leben.

Die nächsten Digital-Detox-Tage sind bereits ausgebucht. Und dies absolut zu Recht! Ich habe kurz überlegt, ob ich meinen Rechtsanwalt kontaktieren soll, weil ich zu dieser Zeit nicht im Lande bin, stattdessen noch in Marokko stolzieren werde, und ich doch soooo gerne dabei gewesen wäre ...

2) Meditas

Bock auf Meditieren? Sind Sie Beginner oder gar schon ein Guru? Tja, dann sind Sie im Meditas in Wien genau richtig. Mag. Mona Schramke und Dr. Alexander Knoll geben wertvolle Inputs, die Sie geistig wieder wie einen 100 % geladenen Tesla laufen lassen – ohne Hokuspokus oder schmerzhafte Elektroschocks. Da ich mittlerweile seit 14 Jahren meditiere, bin ich schon zu den verschiedensten Kursen und Meditationslehrern gepilgert, aber was die beiden im 1. Wiener Gemeindebezirk abliefern, ist mir in dieser Qualität noch nicht untergekommen. Lässt man sich auf ihr wissenschaftlich fundiertes Know-how und ihre Erfahrungen ein, dann kann man, wenn man Glück hat und die nötige Hingabe an den Tag legt, phasenweise erleben, was »Gelassenheit« sein könnte und welch enorme Kraft in ihr steckt.

3) Theatersommer Haag
Wir schreiben das Jahr 2012. Auf der Suche nach einem Job wird mir von der damaligen Prokuristin des Haager Theatersommers angeboten, doch als Regiehospitant mitzuarbeiten. ... In der Folge habe ich im Landestheater Niederösterreich in St. Pölten mit Babett Arens (»Die Liebenden der Untergrundbahn«) gearbeitet und ein Jahr danach beim Stück »Jägerstätter« in Haag und im Wiener Theater in der Josefstadt mitgewirkt. Wenn man sich mit Theaterstücken genauer beschäftigt, dann tut das etwas mit einem. ... Also gehen Sie ins Theater!

12. September 2017
Pamplona – Puente La Reina + 7 km
Das Stretchen der Schuhe hat geholfen. Rechter Schritt, leichter Druck. Linker Schritt, leichter Schmerz. Rechter Schritt, leichter Druck. Linker Schritt, leichter Schmerz ...

Dieser Druck und diese Schmerzen werden sich vielleicht noch legen. Bis Logroño (übermorgen) gebe ich dem Schuhwerk noch die Chance, mit mir nach Marrakesch zu wandern. Sonst muss vorübergehend ein neuer Laufschuh her, den ich für die Zukunft sowieso benötigen werde, und meine lieben Steppenwölfe aus Wien schicken mir in der Zwischenzeit einen neuen »Hanwag-Reifen« zu. Let's see.

Was sonst noch so geschah?

Ach ja, Kathis erster Pilgertag, und dann gleich 31 Kilometer. Chapeau, liebe Kathi! Sie hält nicht nur tapfer durch, sondern zieht mich auch förmlich in den nächsten Ort. In einen verlassenen Ort, der an diesen Abend zum Glück von 20 Pilgern belebt wird. An diesem Tag reservieren wir zur Sicherheit, um noch vier Betten für Kathi, Claudia (CAN), Anna (SWE) und mich zu ergattern. Und ja, es ist wahrlich eine Reservierungsschlacht, die hier vonstattengeht. Hunderte PilgerInnen sind auf dem Weg nach Santiago ... Manchmal fühle ich mich wie Marcel Hirscher, der nach einer Verletzung flotter als die Konkurrenz unterwegs ist und sich im Slalom wieder an die Spitze setzt. – Keine Angst, ich betrachte und behandle die MitpilgerInnen nicht als Konkurrenz und nicht wie Kippstangen!

13. September 2017
Puente La Reina – Los Arcos

Rechter Schritt, leichter Druck. Linker Schritt, leichter Druck. Rechter Schritt, leichter Druck. Linker Schritt, leichter Druck. Seit heute verspüre ich nur noch einen Druck und keinen Schmerz mehr. Immerhin. Morgen werde ich entscheiden, ob das Schuhwerk nach einem Fünf-Tage-Urlaub in Frankreich und Spanien wieder nach Österreich zurückfliegen muss. Ganz nach dem Motto: »Last Day, Last Chance!« Es wird sich weisen, ob der Schuh mit diesem Druck umgehen kann.

An diesem Tag steht wieder eine längere Tour auf dem Programm – 34 Kilometer. Kathi ist fit wie ein Wanderschuh und unterhaltsam wie Thomas Gottschalk, tiefgründig wie Anselm Grün und stellt so gute Fragen wie Radiomoderatorin Claudia Stöckl – nicht nur beim Frühstück, sondern auch tagsüber ...

In Los Arcos finden wir eine Albergue, die durchaus gepflegt ist. Der Haken am Schlafraum: ein paar furzende und schnarchende portugiesische Pilger. Mittlerweile habe ich mich an das Schnarchen gewöhnt. Allerdings liegt der Häuptling unter den Furzern direkt neben mir, sodass mein Körper nicht weiß, ob er sich für einen Asthmaanfall oder eine Spei-Session entscheiden soll. Meine Ratio rät mir zu einem Fluchtprogramm und ich suche einen anderen Schlafplatz. Zum Glück gibt es einen weiteren Schlafraum mit acht Betten, der nur von einem Engländer belegt ist. Ich gehe nochmals kurz zurück in den Schnarchraum, um Kathi, Claudia und Anna über den würdigen Schlafplatz einzuweihen.

PS: Mitten in der Nacht werden wir durch einen lauten Knall geweckt. Dieser Knall kommt – richtig! – vom Schnarchsaal. Um auf Nummer sicher zu gehen, ob alles okay ist, öffne ich vorsichtig die Tür, betrete den Raum und stelle fest, dass ein Schnarcher aus dem Bett gefallen ist, sich also »entschieden« hat, auf dem Boden weiterzuschlafen ... Ich will ihn sanft wecken und darauf aufmerksam machen, allerdings vergebens ... Vielleicht hätte ein Wachküssen geholfen, aber irgendwo hört sich die Pilgerfreundschaft dann auch auf.

Dazu passend ein Beitrag auf meiner Webseite:
Sind Sie ein Mensch mit geringem Aggressionspotenzial? Dann empfehle ich, als »Doktor des Pilgerns«, von Wien nach Marrakesch zu hatschen. Sie werden sehen, dass schimmlige Wände, Sauwetter, Essen, kläffende Hunde, aber insbesondere Schnarcher Ihr Aggressionspotenzial aufs Äußerste steigern werden. So sehr, dass Sie mit selbigem, aber auch im Worst Case mit einem Herzinfarkt nach Hause kehren werden.

Die »sägenden Pilger«
1) Der Schlafpilger
Diese Gattung bekommt zu wenig erholsamen Schlaf ab und schläft während des Pilgerns. Zumeist ist dies die Schuld des Nachbarn, der im Hochbett nebenan schnarcht wie das »Ja! Natürlich«-Bioferkel.

2) Der Seitenpilger
Schläft der Seitenpilger auf der rechten Seite, ist er in den meisten Fällen ein »Rechtsträger« – Selbiges gilt natürlich für die andere Seite. Eine Studie der Harvard University hat bestätigt, dass »Rechtsschläfer« zu »Rechtsradikalität« tendieren. Bitte »wikipedieren« Sie diese »alternativen Fakten« nicht auf ihre Richtigkeit!

3) Bauch- oder Rückenpilger

99,9 Prozent der Bierbauch-Pilger liegen ausschließlich auf dem Rücken. Die restlichen 0,1 Prozent liegen vorübergehend auf dem Bauch, woraufhin sie zu 100 Prozent durch das Hinunterkugeln auf den Boden aufwachen, fluchen und sich wieder in ihr zu weiches Bett legen, um auf dem Rücken zu schlafen. Dort haben sie weiterhin Albträume von der nächsten 30-Kilometer-Etappe ohne Einkehrmöglichkeit. 0,0003 Prozent sind uneinsichtig und versuchen erneut auf dem Bauch einzuschlafen.

4) Die »Pilgermatratze«

Okay, dabei handelt es sich nicht um den/die schnarchende/n, sondern stöhnende/n Pilger/in. Diese Spezies wird im Pilger-Jargon auch »Wanderhure 2.0« genannt. Er/sie verlangt allerdings kein Geld, sondern ist auf Spenden der Mitpilger/innen angewiesen.

How to wake up the snorers

Für oben genannten Gattungen an Pilgern gibt es verschiedene »Stilmittel«, um sie auf ihr unerhörtes Verhalten aufmerksam zu machen und die Erholungsphase der übrigen müden Pilger-Meute nicht zu stören:

1) Klatschen

Einmal laut klatschen – und eventuell noch ein lautes Brüllen!

2) Den »Wiener« rauslassen

Studien beweisen, dass es sich lohnen kann, wenn Sie den Ur-Wiener beim Pilgern rauslassen. Ein »Heast, Oida! Geh doch scheißn! I wü schlofn!« ist ein sehr bewährtes Stilmittel, um seinen gepflegten Schlaf wiederzubekommen.

3) Der feuchte Futzi

Falls all die oben erwähnten Methoden nicht helfen sollten, können Sie sanfte (!) Gewalt anwenden, indem Sie dem schnarchenden »Opfer« einen sogenannten »feuchten Futzi« (befeuchteter Zeigefinger, ins Ohr gesteckt) verabreichen. Wichtig ist, dass Sie die Zeigefingerkuppe gut befeuchten und flink ins Ohr des Opfers stecken – aber sanft, um nicht wegen Körperverletzung angezeigt zu werden.

Wer mich kennt, weiß, dass ich ein Mensch mit geringem Aggressionspotenzial bin, durch das Pilgern hat sich dies aber verändert. Mein großes Glück ist, dass ich diese grausigen, abscheulichen, furchtbaren Erlebnisse so freudig in Empfang nehmen kann wie ein Boulevard-Journalist. Ja, ich war einer der »bad Peregrinos«, der sich ins Fäustchen gelacht hat, wenn jemand sich geärgert, wehgetan oder geschnarcht hat, weil ich eben wieder eine gute Geschichte oder Inspiration für mein Buch hatte.

Nichtsdestotrotz befeuchte ich meine beiden Zeigefinger immer vor dem Schlafengehen. Eine reine Vorsichtsmaßnahme, versteht sich, um im Fall der Fälle situationselastisch reagieren zu können.

14. September 2017
Los Arcos – Logroño

Die liebenswerte Kathi verlässt mich heute. Sie fliegt dorthin, wo ich auch bald sein werde – nach Marokko. Doch bis ich selbst dort sein werde, darf ich noch ein paar Schritte bestreiten.

Ich habe heute wieder wunderbare Begegnungen gehabt. Unter anderem hat mich ein australisches Paar begleitet, das seit vierzig Jahren verheiratet ist und genau vor vierzig Jahren das erste Mal den Camino betreten hatte – »Honeymoon auf dem Jakobsweg statt auf den Seychellen« quasi. Sie Pianistin & er Psychologe.

Dann war da noch mein mexikanischer Freund Xavi, den ich im Hostel in Pamplona kennengelernt hatte. Der Gute ist komplett außer sich gewesen, als er mich gesehen hat, weil er sich bei mir unbedingt für den einen geschenkten Gaba-Teebeutel bedanken wollte.

Und dann waren da auch noch jung gebliebene amerikanische Schwestern, die gemeinsam nach Santiago laufen, um das zu tun, was sie nach dem Großwerden ihrer Kinder immer schon tun wollten.

Ach ja, und zu guter Letzt noch ein Leipziger, der seinen Vater hasst, den Österreichern die Schuld für den Zweiten Weltkrieg gibt und generell Österreicher als Feiglinge ansieht. – Mehr Menschen, mehr Spannungen, mehr Lebendigkeit und vor allem mehr Geschichten! :)

Heute übernachte ich in einer simplen, aber sauberen öffentlichen Herberge.

Liebe Grüße in die Heimat! Ich freue mich wieder auf Euch!!!

PS: Die Schuhe sind nun komfortabler. Wir sind zwar noch nicht »eins« geworden, aber das ist nur eine Frage der Zeit und der Kilometer, hoffen wir's zumindest.

Das liebste Hobby vieler pensionierter Spanierinnen und Spanier ist es, abends und morgens Pilger anzutreffen, spannende Geschichten zu erfahren und alte Pilgergeschichten weiterzuerzählen.

15. September 2017
Logroño – Nájera
Jene Pilger, die sich kratzen oder über Juckreiz klagen, werden auch als Municipal-Pilger bezeichnet. Warum? Municipal-Herbergen haben den Ruf, dass sie nicht nur Pilger, sondern auch Bettwanzen beherbergen. Weil es mich eben an diesem Tag juckt bzw. noch nicht juckt, begebe ich mich wieder einmal in ein Municipal. 60 Betten in einem Saal! Am Nachmittag gehöre ich zu den Ersten, die einkehren. Gegen Abend ist die Hütte voll. Bummvoll.

Reisereporter.de hat über mich einen Artikel verfasst und behauptet, dass ich Pilgern wieder sexy mache?! Ich weiß nicht so recht. Wenn die wüssten, wie ich manchmal rieche.

Hier der Bericht (und ein Danke für die freundliche Abdruckgenehmigung):

»Dieser Mann macht Pilgern sexy«

Hape Kerkeling hat zwar mit seinem Buch »Ich bin dann mal weg« einen Jakobsweg-Hype ausgelöst, aber Ernst Merkinger ist der »Pilger 2.0«. Jedenfalls nennt er seinen »Weg« so. Was sich genau dahinter versteckt, hat er dem »reisereporter« verraten.

Einfach mal in den Sack hauen und das tun, was schon lange auf der Liste stand. Zum Beispiel das dicke, fette Stück Schokokuchen essen, früher Feierabend machen oder jemandem die Meinung sagen. Seelenbalsam. Ernst Merkingers Seelenbalsam ist das Pilgern. Entdeckt hat er es 2016, als er den Jakobsweg von Pamplona nach Finisterre gelaufen ist. Ernst Merkingers Situation zum damaligen Zeitpunkt? Gerade wurde sein Arbeitsvertrag mit dem österreichischen Privatfernsehsender ServusTV aufgelöst, zuvor hatte er beim Haager Theatersommer für ganz wenig Gehalt als Regiehospitant gearbeitet und davor hatte er sein Studium geschmissen, weil er von zu vielem Feiern einen anstrengenden Tinnitus bekam. So sieht der Stoff aus, aus dem die Kinohits über Selbstfindung, Heulkrämpfe und blutige Blasen währenddessen gemacht werden. Wer will, kann Ernst Merkingers Lebenslauf so lesen.

Die andere Sicht geht so: Das Pfeifen im Ohr ist der Auslöser, damit Ernst Merkinger sich schwört, wieder mehr auf sich zu hören. Das Studium brach er ab, verzichtete auf Alkohol und landete durch Zufall beim Theater. »Am Premierenabend des Theatersommers Haag habe ich mir geschworen, dass ich ab jetzt nur mehr das tue, was meiner Person entspricht«, erzählt Ernst Merkinger. Weiter ging's mit einem Job bei ServusTV und eben dessen Ende.

Ernst Merkinger erzählt seine Geschichte mit einer Leichtigkeit, die für keinen Blockbuster reicht. Aktuell beendet sie der 26-Jährige irgendwo zwischen Österreich und Marokko. Und damit auf einer Reise, die deutlich mehr ist als Wandern. Mehr als ein Marsch. Und mehr als das Hape-Kerkeling-Pilgern. Aber kein Selbstfindungstrip.

Ernst Merkinger beschreibt es als Pilgern 2.0. Denn der 26-Jährige berichtet über seinen Weg auf Instagram und auf seinem Blog »ernstjetzt.com«. Ziemlich smart, lustig und reflektiert tapert er durch die heile Social-Media-Welt. »Der Grund, warum ich Instagram nutze, liegt daran, dass ich ein Fan von Erheiterung und Tiefgründigkeit bin«, erklärt er im Interview. »Ich kann Geschichten aus meiner Vergangenheit niederschreiben beziehungsweise aus der Spontaneität heraus Insta-Storys kreieren. Das macht mir riesen Spaß und lässt sich mit meinem kreativ-wirtschaftlichen Vorhaben, das ein Nullsummenspiel einbringen soll, gut kombinieren.« Denn via Social Media, Spenden und Crowdfunding finanziert er sich einen Teil seiner Reise.

Auf seinem Weg nach Marokko bekommt er auch immer öfter Begleitung von anderen Pilgern und Instagram-Stars wie »Dariadaria«. Fest geplant ist das weniger, es passiert so. Fest steht aber das Ziel. »Marokko hat mich noch mehr vom Touristen zum Pilger werden lassen«, erklärt Ernst Merkinger das Ziel.

Tourist und Pilger gehen zwar nach seiner Meinung ineinander über, aber beim Pilgern habe er das Gefühl, dass er sich noch tiefer auf die Reise einlässt, dass sich ein Pilger mit einem Motiv aufmache, um sich selbst auf den Grund zu gehen. Auf dem Weg dahin – gleich, ob zu sich selbst im Speziellen oder nach Marokko im Generellen – macht Ernst Merkinger gerne Abstecher. Weil's gerade so schön ist, weil die Füße eine Pause brauchen, weil er nicht wirklich einen Grund braucht, um zu verweilen.

»Mittlerweile gelingt es mir ganz gut, mich auf diese entschleunigte Variante des Reisens einzulassen«, erzählt der Österreicher. »Es entstehen Dialoge und keine Small Talks, wodurch nicht nur Haustüren, sondern auch Seelentüren geöffnet werden, die Inspiration garantieren.« Er nennt das BeGEHgnungen.

Aber ist alles immer gut? »Ob am Weg in den Süden, ob am Kirchenplatz oder beim Billa in der Warteschlange«, berichtet der Pilger, »selbstverständlich kommt Wut mal hoch. Das tut gut und ist auch gut so. Es soll ja fließen, wie der griechische Philosoph Heraklit gesagt hat, weil sonst entsteht ja eine dreckige Lacke in der Welt der Emotionen.«

Voraussichtlich Mitte Oktober wird Ernst in Marokko ankommen. Zurück will er Anfang November. Dann geht's erst mal ins Miramonte in Bad Gastein. Danach will er nach Goldegg, um in einem der Thoma-Häuser an seinem Buch zu arbeiten.

Und in der etwas entfernteren Zukunft wäre es durchaus denkbar, Ernst Merkinger in einem Camping-Van oder irgendwo in Europa zu treffen. Oder in Afrika. Oder in Österreich. Oder in Asien. Oder bei seiner Tante auf Hawaii. Oder, oder, oder ...

16. September 2017
Nájera – Grañón

Vergangenes Jahr habe ich eine Ortschaft vorher, in Santo Domingo, haltgemacht. Erstens, weil das Wetter miserabel war, und zweitens, weil ich mich grippig gefühlt habe. Am nächsten Tag bin ich auf einen strahlenden Kanadier und einen Italiener gestoßen – Skyler und Francesco –, die mir vorgeschwärmt haben, wie großartig ihr Aufenthalt im Municipal von Grañón war. Dort wurde gesungen, gelacht, gegessen, gebetet und meditiert. – Eine von zwei Herbergen, die ich mir dieses Jahr definitiv nicht entgehen lassen will.

In Grañón findet man, gut versteckt hinter der Kirche, eine Herberge, die auf Spenden basiert. Ein Kraftort, der seinesgleichen sucht. Die Hospitaleros, das Essen, die vielen Details, der fühlbare Spirit – das sind genau solche Orte, die man entlang des Pilgerwegs braucht. Diese Orte geben Kraft, einen magischen »Energy-Boost«.

Hier basiert alles auf Vertrauen. Nein, Urvertrauen! Wie, Urvertrauen? Na ja, selbst der Deckel der Spendenbox ist hier geöffnet – jeder Pilger hätte die Möglichkeit, die Geldscheine herauszunehmen (was aber nur dann erwünscht ist, wenn Geld wahrlich benötigt wird. Pilger helfen Pilgern. Wir lassen keinen im Stich).

Apropos Pilger helfen Pilgern. Mein liebes französisches Nadègelein hat keinen Schlafsack mehr, weil sie ihn in der letzten Unterkunft vergessen hat. Grund genug, ihr meinen zu leihen, nachdem ich gedacht habe, dass es in meinem Schlafsaal (einer von drei Schlafsälen) ohnehin warm sein würde. Denkste. However! Well, und so sitze ich nun ein wenig ausgefroren um fünf Uhr früh mit wärmendem Grüntee und meine Oberschenkel wärmendem MacBook am Kamin, der nicht in Betrieb ist, und tippe in die Tasten.

Ich denke an den gestrigen Abend zurück – die intensiven Gespräche mit meinen schwedischen Freunden Nina, Nils und Kerstin und die einstündige Ehre, die mir verliehen wurde, den »Schuppen« für eine Stunde zu schupfen, weil die Hospitaleros essen und einkaufen gehen mussten. Die Ader meines Großonkels Kurt, der das Wirtshaus Kirchmayr in Weistrach geleitet hat, aber auch die schauspielerischen Qualitäten meiner Tante Claudia sind da zum Vorschein gekommen. Dementsprechend habe ich die Pilgerkollegen mit Entertainment, Tee und selbst gemachten Zimtkeksen bewirtet, sie aufgeklärt, wo sie sich eintragen sollen und wo sich die jeweiligen Räumlichkeiten befinden.

Die Chefin des Hauses hat mich nach ihrer Rückkehr offiziell zum Hospitalero vereidigt. YES! Ich hab's nun wirklich geschafft.

Meine Liste an Titeln wird immer länger: Pilger, Taufpate, Trauzeuge und jetzt auch noch Hospitalero!!! Bist du deppert, wenn das so weitergeht, bin ich bald »Papst«! Ok, das ist unrealistisch – ich liebe das Liebemachen viel zu sehr, um mich auf den Weg der »Kasteiung« zu begeben. Ok, das war jetzt vielleicht zu viel Information!

Wie auch immer ... Das eigentliche Highlight des heutigen Abends ist die Zeremonie nach dem abendlichen Schmaus. 40 Leute versammeln sich in der Kirche. Dort, wo normalerweise die Orgel steht, befinden sich rund 20 majestätische Stühle. Gemeinsam bedanken wir uns kontemplativ für das Leben. Anschließend gibt es die Möglichkeit, seine Motivation als Pilger kundzutun oder inspirierendes Gedankengut mit der Gruppe zu teilen.

Nach diesem Festakt bitte ich die Hospitaleros, noch eine Stunde allein zurückbleiben zu dürfen, weil ich diesen Ort für ein längeres Dankgebet bzw. eine Meditation nützen will. Auf meine Bitte antworten sie mit einer Frage: »Warum fragst du dies, lieber Hospitalero?« und drücken mir den Schlüssel in die Hand.

Ich nütze die Zeit, um dankend an meine Familie und Freunde zu denken. Nach einer Weile kehrt in mir Stille ein ... Stille, die bis zum Läuten der Kirchenglocken andauert.

Grañón – eine Pilgerherberge, die meine 30 dag (mein Herz!) schneller schlagen lässt.

17. September 2017
Grañón – Monte de Ortega

Sorry, Belorado! Ich habe mich anders entschieden und pilgere dann doch zwölf Kilometer weiter, nämlich nach Monte de Ortega. Die meiste Zeit verbringe ich heute mit meinem israelischen Freund Isaac, der sich allerdings in der letzten Ortschaft eine Bleibe nimmt.

Rückblick März 2016 / Monte de Ortega:

An jenem Ort haben Francesco, Skyler und ich letztes Jahr beinahe keinen Schlafplatz mehr bekommen. Selbst ein spanischer »Jesus« hat uns damals eine Absage erteilt, als wir ihn gefragt haben, ob wir denn bei ihm übernachten dürfen. Sodass wir uns zu dritt ein Zimmer mit Doppelbett und Sofa in einem Hotel geleistet haben. Der nächste Tag von Monte de Ortega nach Burgos war mit Abstand der intensivste. Schneefall, Sturmböen und dann am späten Nachmittag bei der Ankunft 24 Grad und Sonnenschein haben diesen Pilgertag unvergesslich gemacht.

Für morgen ist zwar kein Schneefall angesagt, allerdings den gesamten Tag Regen. Aber gut, wenn der spanische Wetterbericht Sonne vorhersagt, regnet es zumeist, und wenn Regen vorhergesagt wird, scheint die Sonne. – Spaniens Wetterprognosen sind eben sehr spanisch ...

Rückblick auf März 2016: Widrige Bedingungen mit meinem Pilger-Bro Skyler.

18. September 2017
Monte de Ortega – Burgos

Die Schuhe sitzen. Die Stimmung passt. Läuft!

Zwischen Monte de Ortega und Burgos befindet sich Atapuerca, einer meiner absoluten Lieblingsorte am Camino. Das Stonehenge Spaniens ist ein Plätzchen, um neue Ideen zu gebären. Und meine Pilgerreise von Wien nach Marrakesch soll ja keine Eintagsfliege sein, sondern so etwas wie eine Neugeburt oder ein Start von mehreren darauf basierenden Projekten. Und da sind neue, spannende Seelenwünsche durchaus erwünscht. Dennoch gilt zuerst mal: voller Fokus auf Santiago, Finisterre und Marrakesch.

Heute übernachte ich in einer öffentlichen Herberge. Fünf Euro. Sauber. 160 Betten. Ich stoße auf viele neue Gesichter, neue Geschichten und neue Inputs.

Zeit, offline zu gehen. Handy off. Life on!

Atapuerca: Achtung, dieser Ort ist ein Kraftort. Dort kommen Sie vollgeladen wieder raus.

Kurz vor Castrojeriz findet man eine Ruine, die zur Pilgerherberge umkonstruiert wurde.

19. September 2017
Burgos – Castrojeriz
Nach Burgos nehmen viele Pilger (besonders die »bösen Amis«) den Bus, weil sich die Landschaft sehr wüstenähnlich zeigt. Vor allem ab Rabé de las Calzadas beginnt die Iberische Meseta, eine Hochebene, die Schotterpisten, Büsche, Pilger und eine Mega-Hitze, aber keinen Schatten vorzuweisen hat. Ich sehe dies als Part of the Game. Manchmal gibt's eben Passagen auf dem Weg, die sich wie ein Gang durch die Leere anfühlen, die nicht attraktiv sind. Umso mehr und demütiger weiß man dann wiederum die »gemalten« Landschaften zu schätzen. Aber die Amis haben schon recht – diese Lebens- bzw. Pilgerabschnitte können sich sehr »zahn« (ziehen).

Convento de San Antón. Ein Kloster der ganz besonderen Sorte. Genauer gesagt handelt es sich um ein Kloster des Antoniter-Ordens bei Castrojeriz. Wobei, eigentlich handelt es sich um kein Kloster mehr, sondern vielmehr um ein Ex-Kloster, das in die Jahre gekommen ist, dem ein Dach über dem Kopf fehlt. Eine Ruine quasi.

Das ist auf der einen Seite natürlich sehr schade, aber auf der anderen Seite sorgt dies für eine unvergessliche Abendstimmung, wenn die Sonnenstrahlen durch die gotischen Kirchenfenster dringen, Vogelschwärme über dir kreisen und im Hintergrund schließlich die Sonne im Abendrot abtritt.

Wer Luxus sucht, der ist hier definitiv fehl am Platz. Eine erfrischende Katzenwäsche mit Wasser vom Brunnen, bescheidenes Essen und simple, aber saubere Schlafsäle findet man hier vor, und bezüglich Bettwanzen besteht keine Besorgnis. No worries!

Im Frühjahr oder Herbst kann es allerdings bitterkalt werden. Wahrscheinlich aus diesem Grund werden meine Mitpilger und ich vor dem Zubettgehen prophylaktisch mit Tee sowie mit Zimt und Zitronensaft beträufelten Apfelspalten versorgt.

Diese Herberge wird durch Pilgerspenden aufrechterhalten. Loretta ist eine Ex-Pilgerin und nun selbst für ein paar Wochen Hospitalero dieser Unterkunft. Sie ist, wie viele andere, auf der Suche danach, wie ihre Lebensreise weitergehen soll. Allein schon wegen ihres Strahlens möchte man diesen Ort gar nicht mehr verlassen.

Doch meine Reise geht weiter, nämlich in den nächsten Ort, Castrojeriz, um einen »Short-Day« mit Elektrizität und WLAN einzulegen. Pause im Sinne von Texte schreiben, E-Mails beantworten und auf Instagram Take-overs vorbereiten.

20. September 2017
Castrojeriz
Break mit Björn

Wer das Leben zu ernst nimmt, hat das Spiel nicht verstanden.

21. September 2017
Castrojeriz – Frómista

Heute bin ich die meiste Zeit mit Brad unterwegs. Ich habe Brad (25 Jahre/USA) schon vor Tagen in einem kleinen Dorf getroffen, aber erst heute haben wir uns die Zeit genommen, einen intensiveren Dialog statt Wortwechsel zu führen. Der liebenswerte Brad hat's bisher nicht leicht in seinem Leben gehabt, weshalb er sich schon fast das Leben nehmen wollte. Doch die Liebe zum Leben und zu sich selbst waren dann Gott sei Dank stark genug, um das Ruder nochmals herumzureißen.

Brad ist übrigens homosexuell. Und weil seine Homosexualität in der kleinen Ortschaft, in der er aufgewachsen ist, als nicht »normal« bzw. von einigen Bewohnern als pathologisch angesehen wurde, bekam er starke Zweifel. Zweifel an seinem ureigenen Wert. Kompletter Bullshit, lieber Brad! Weil sensible Menschen, wie du einer bist, verdammt wichtig sind auf dem Planeten Erde!

Insbesondere in Zeiten von Trump und Kim Jong-un müssen wir, die am friedlichen Miteinander interessiert sind, mit Genauigkeit, Feinfühligkeit und Mitgefühl ein Zeichen setzen. Also, lieber Brad: Krone richten und weiter im Sinne deiner Einstellung leben.

Nachdem ich also in Castrojeriz eine Pause eingelegt habe und »nur« nach Frómista gehe, weil ich für das Online-Magazin »reisereporter.de« einen Instagram-Take-over abwickle, treffe ich auf viele alte, aber auch junge Gesichter. Großartig :)

Die Meseta – es wird gemunkelt, dass schon der eine oder andere Pilger in einen Bus gestiegen ist, um sich diesen wüstenähnlichen Part zu ersparen.

22. September 2017
Frómista – Carrión de los Condes

Es wird nur eine kurze Etappe heute. Der Grund ist, dass meine Mandeln entzündet sind. Aber da meine Mitpilger so fürsorglich auf mich schauen, mir auch Halswehzuckerl und Vitamin-C-Tabletten zukommen lassen, wird sich dies gewiss bald legen.

Wie bereits im März 2016, kehre ich auch heute in einem Nonnenkloster ein. Jenes Kloster, in dem damals ein dänischer Vater seine Gitarre geschnappt und seinem verstorbenen Kind ein Lied gewidmet hat. Ich kann mich noch gut an den Moment erinnern, als die Augen der harten Jungs zu schwitzen begonnen haben und dieser Abend uns noch mehr zusammenwachsen hat lassen.

Auch an diesem Abend ist es so. Wir sind bedeutend mehr Pilger als letztes Jahr und wiederum sind berührende Geschichten zu hören. Darüber, was die Menschen hierher treibt. Eine Neuseeländerin, die auf dem Weg ist, um nach Selbstliebe zu suchen. Eine Britin, die einen Teil der Asche ihres Mannes, ihres Sohnes und ihres Hundes verstreut. Mexikaner, die ihren Erdbebenopfern ein mexikanisches »Stanzerl« (Lied) widmen.

Es wird gelacht, geweint und geliebt. Und es ist Raum für Emotionen jeglicher Art, weil Raum für Authentizität gegeben ist – egal welche religiöse Einstellung man hat, egal welche sexuelle Neigung, egal ob Justin-Bieber- oder Hansi-Hinterseer-Fan, egal ob black or white ...

Dieser Pilgerweg ist wie eine friedliche Demonstration. Hier findet unbewusst, aber auch bewusst ein Aufruf für mehr Menschlichkeit statt. Und dies gibt Hoffnung in Zeiten wie diesen.

23. September 2017
Carrión de los Condes
Breakday

Der Jakobsweg lehrt mich vieles. Unter anderem, dass es wichtig ist, auf meinen Körper zu hören. Dieses Wunderwerkl hat mich ja auch schon wirklich weit gebracht. Genauer gesagt 2500 Kilometer. Normalerweise zeige ich meinem Körper die Grenzen auf, aber dieses Mal ist es umgekehrt. Meine Mandeln sind eitrig, so wie bei vielen anderen Pilgern. Insofern ist es keine große Überraschung, dass ich auch einer der Kränkelnden bin.

Seit Saint-Jean-Pied-de-Port habe ich in keinem Schlafsaal geschlafen, in dem nicht mindestens acht Personen schliefen. Maximum: 40! Und da kommt es schon mal vor, dass der eine oder die andere einen Rotz ihres Rotznäschens auf dem Kopfpolster hinterlassen oder sich nach dem Klogehen nicht die Hände waschen oder in die Hand niesen und anschließend herausschüttelnd »Buen Camino!« gewünscht wird. Aber das ist alles »Part of the Pilgrimage«. Wir Pilger sind nicht nur gemeinsam auf dem Weg, sondern auch gemeinsam am Rotzen.

Bussi aus Spanien, Ernst

24. September 2017
Carrión de los Condes
Pausentag, der zweite

Eigentlich ist heute kein Pausentag mehr vorgesehen. Ich stehe um fünf Uhr auf und will um sechs Uhr aufbrechen, aber … ABER nach einem Kilometer erkenne ich, dass es keinen Sinn hat. Ich habe die Rechnung ohne meinen Körper gemacht. Meine Augen sind angeschwollen und die Halsschmerzen haben auch zugenommen. Deswegen gehe ich retour und lege mich im Nonnenkloster wieder nieder.

Als Pilger willst du nicht zu lange in einer Ortschaft bleiben. Du willst weiterziehen, aufbrechen, ankommen, aufbrechen, ankommen und nicht abwarten. Doch dies ist eine wertvolle Lektion für mich, nämlich, dass ich auf mein Wesen und nicht auf mein Testosteron hören soll. However, ich freue mich und hoffe, dass ich meine vorbeiziehenden Pilgerfreunde bald wieder treffen darf.

25. September 2017
Carrión de los Condes – Sahagún

Meseta pur. 18 Kilometer nichts, vor allem kein Schatten! Die Landschaft ist von weiten Feldern, einer geradlinigen Schotterpiste und Pilgern geprägt. Am frühen Morgen bin ich mir noch nicht sicher, ob ich die 18 Kilometer »überleben« werde, geschweige denn überhaupt aufbrechen soll, doch dann wird aus den 18 Kilometern ein 38-Kilometer-Marsch. Doch wenn mir die vergangenen Tage und Wochen etwas aufgezeigt haben, dann, dass ich runtergehen muss vom Gas.

Einer der Gründe, warum ich dann doch diese lange Tour auf mich nehme, ist unumstritten die Tatsache, dass ich meine Pilgerfreunde wiedersehen möchte. An diesem Tag treffe ich einige davon: Ryan, Ryans Eltern, Laura, Chantal, Felix, Nadev, ein italienisches Trio und Lais.

Die couragierte brasilianische Lais und ich unterhalten uns über die Liebe, unsere Ex-Beziehungen, gebrochene Herzen, Wahrnehmung, Hingabe, Denkweisen und andere spannende Themen, die uns beide beflügeln und die Strapazen dieses Tages komplett vergessen lassen.

26. September 2017
Sahagún – Reliegos

Nach Sahagún wird die Reise landschaftlich etwas abwechslungsreicher. Mit »etwas« meine ich, dass entlang des Wegs schattenspendende Bäume und kleine Dörfchen häufiger werden. Berge sind nur in der Ferne zu sehen, doch wir kommen ihnen näher, immer näher ...

In Reliegos übernachten wir in einem Municipal. Jenem Municipal, das letztes Jahr mit Heizstrahlern ausgestattet wurde, damit wir in der Nacht nicht (er-)frieren. An diesem Herbsttag gibt's allerdings keinen Grund zu frieren. Es gibt auch keinen Grund, kuscheln zu müssen, weil zurzeit humane Temperaturen und perfektes Wanderwetter vorherrschen, und zwar 8 bis 23 Grad.

27. September 2017
Reliegos – León

Heute bin ich großteils mit Chantal unterwegs. Chantal arbeitet jeweils sechs Monate und reist dann sechs Monate. Sie will nicht arbeiten, Energie verlieren und urlauben, um ihre Batterien für die Arbeit wieder aufzuladen. Nein, sie will die Arbeit ausüben, die sie liebt, und reisen, weil sie es liebt, oder wie sie wortwörtlich sagt: »Das Leben ist hier, um gelebt zu werden und nicht, um ein Sklave des Systems zu sein.«

León. Ein Municipal, it is. Welch große Überraschung! Morgen werden wieder etliche Pilger aus den Startlöchern schießen und sich aufmachen. Auf nach Santiago! Whoop! Whoop! Neue Gesichter! Neue »friedliche Demonstranten«, die sich auf den Weg machen, um dem Planeten Erde mehr Menschlichkeit einzuflößen.

Ryan und ich versuchen früh zu starten, um dem Pilgerstau auf der »Camino-Francés-Autobahn« zu entgehen, aber let's see. Immerhin sind wir beide mit unseren Pilgerbrüdern und Pilgerschwestern abends unterwegs und das ist in die Kategorie »brandgefährlich« einzuordnen ...

28. September 2017
León – Hospital del Órbigo

Tja, tja ... gestern Abend wurde es ein wenig länger. Länger als sonst. Genauer gesagt, bis in die Morgendämmerung wurde geprostet. Ja, auch Pilger können feiern, und dies richtig, richtig gut sogar.

Heute werde ich von zwei lieben deutschen Mädels inspiriert. Es ist ja kein Geheimnis, dass ab und an Pilger in ein »Taxi of Shame« oder einen »Bus of Shame« steigen.

Die »Taxis of Shame« sind meist mit getönten Scheiben ausgestattet, damit der sich schämende Pilger nicht erkannt wird. Die oben erwähnten Mädels wollten nicht in ein solches Taxi steigen, sie haben sich stattdessen zwei Räder gekauft und sind damit vier Tage durch die Meseta gefahren. Der Grund: Sie haben primär die Landschaft als »zu langweilig« betitelt und waren auch ein wenig unter Zeitdruck. Und weil sie die Räder nach der Meseta nicht mehr gebraucht haben, stellten sie diese für Pilger zur Verfügung. Gratis, versteht sich!

Heute kehre ich in jene Herberge ein, die schon letztes Jahr für Francesco, Skyler und mich hervorragend passte: herzlicher Empfang, gute Verpflegung und durch und durch sauber. Deswegen gilt auch dieses Mal: fünf Euro aus dem Geldbörserl ziehen und auf den Tisch legen. Am nächsten Morgen schmeiße ich noch ein zusätzliches Donativo in die Büchse rein, weil die Hospitaleros sich so liebevoll um mich bemüht haben – Tee, meine Wäsche gewaschen, mir liebkosende Worte zukommen lassen, mir eine Umarmung und ein Küsschen verabreicht etc. – Warum und wieso? Ich muss gestehen, ich weiß es auch nicht so genau ...

Gaudí um 12 Euro im Gaudí-Palast in Astorga – allemal wert! #keine Werbung.

29. September 2017
Hospital del Órbigo – Rabanal del Camino

Ich »fliege« durch Astorga und mache einen Abstecher ins Museum, in den berühmten Bischofspalast von Antoni Gaudí. Der Palast beherbergt das Museum der Wege, Museo de los Caminos. Erst gegen 19 Uhr erreiche ich Rabanal del Camino, weil ich mich mit einer amerikanischen Pilgerin in einer Cowboy-Bar verplaudere. Deswegen bekomme ich kein Bett mehr im riesigen Schlafsaal (50 Betten), aber zumindest die Möglichkeit, am Boden des Speisesaals zu übernachten. Auch recht!

Nach einer Portion Nudeln mit Pasta um sechs Euro komme ich mit einer Engländerin ins Gespräch, die als Hospitalero der Crew seit ein paar Wochen unter die Arme greift. Sie erzählt mir eine Geschichte, die ihr besonders imponiert hat: Zwei Brüder sind vor ein paar Wochen hierher zurückgekehrt, an dem ihr Vater seine letzte Nacht verbracht hat. Kurz nach Aufbruch in der Morgendämmerung ist er nahe dem Cruz de Ferro verstorben. Diagnose: Herzinfarkt. (Das Cruz de Ferro markiert den mit 1500 Meter höchsten Punkt am Camino Francés.) Als Dank für die schöne Zeit mit ihrem Vater machten sich die beiden auf Richtung Santiago.

Demütig gehe ich zu Bett und genauso demütig wache ich am nächsten Morgen auf. Warum? Nach meinen morgendlichen Streck- und Reck-Übungen stelle ich fest, dass neben mir ein Pilger schläft, der mit Beinprothesen unterwegs ist, sie stehen neben seinem Bett ... Tja, wenn einen der Jakobsweg etwas lehrt, dann Demut.

30. September 2017
Rabanal del Camino – Foncebadón

Es kommt nicht immer auf die Länge an ... Manchmal fühlen sich zehn Kilometer wie ein Kilometer an, und manchmal fühlt sich ein Kilometer wie ein 10er an. Heute ist's ein wenig anders als sonst. Ich nehme eine kurze Distanz auf mich, um meine Artikel-Ideen niederzuschreiben und am Abend Ryan zu treffen. Er ist mein Pilger-Brudi. Sein Lebenslauf ist spannend. Unter anderem ist er seit Anbeginn bei dem Crowdfunding-Unternehmen schlechthin – Kickstarter. Aber auch sein Sinn für Humor und die Dialoge mit ihm lassen mich unentdeckte Sichtweisen erkennen.

Doch es gibt natürlich auch viel Gossip, Klatsch und Tratsch, unter den Pilgern. Wenn diese GesprächsUNkultur ins Spiel kommt, dann mache ich zumeist eine Fliege. An diesem Abend wird an unserem Tisch von Catwalk-Pilgern über »Gschmusis« und sonstige Intrigen geplaudert. In solchen Momenten bin ich dahin, weil mir meine Lebenszeit zu wertvoll ist, oder wie Hape Kerkeling zu sagen pflegt: »Ich bin dann mal weg«.

1. Oktober 2017
Foncebadón – Villafranca

Meine vielen Highlights des Tages:

Ich bin früh gestartet, spät angekommen und habe > 50 Kilometer hingelegt.

Ich habe noch ein Bett und gutes Essen bekommen und alte Bekannte wieder getroffen.

Meine Großeltern haben mich mit einem herzlichen Anruf überrascht.

Beim »Tor des Verzeihens« bin ich auf einen zähen Pilger gestoßen, der schon über 18 Mal in seinem Leben eine Pilgerreise unternommen hat. Er meint, dass es süchtig mache. Ich bin gespannt, ob er recht behält. Im Moment glaube ich dies nicht. Im Moment freue ich mich nur auf das Ankommen und plane nicht darüber hinaus.

Dieser Mann ist einer DER Pilger unter den Pilgern. Unzählige Male hat er sich auf die Adern der Pilgerwege Europas begeben.

2. Oktober 2017
Villafranca – O Cebreiro

O Cebreiro – mit 1300 Meter einer der höchsten Punkte am Camino Francés. Mit Raphael (Schweiz), Kevin (USA) und Britney (USA) habe ich den Sonnenuntergang beim Gipfelkreuz mit Bierchen, Vino und Chips genossen.

Und wie ich geschlafen habe? Die Nacht wurde eine kuschelige Nacht, ungewollt, versteht sich! Wie, ungewollt? In der Pilgerherberge in O Cebreiro gibt es unzählige Stockbetten, die aneinandergereiht sind. Nur meines und das meines Bettnachbarn hat keine Trennwand, daher habe ich das »Glück«, mitten in der Nacht von ihm mit einer Umarmung überrascht zu werden, natürlich unbeabsichtigt. Als er bemerkt, dass es sich um einen Fremdling und nicht um seine Frau handelt, antwortet er: »Sorry, I thought you are my wife!«

Sarria, der Ausgangspunkt vieler, wie ich sie liebevoll nenne, Pilgertouristen. Sie machen sich auf, um Stempel zu sammeln und schließlich und endlich in Santiago eine Urkunde zu bekommen.

3. Oktober 2017
O Cebreiro – Sarria

Heute bin ich mit Kevin unterwegs. Der Liebe schüttet mir sein Herz aus, dass er beim Cruz de Ferro (Eisenkreuz) seinen Emotionen freien Lauf gelassen hat. Bei dem Kreuz, das man kurz nach Foncebadón vorfindet, gibt der Pilger seinen Stein von zu Hause ab. Dieser Stein steht für Sorgen, Ängste oder Trauer der Vergangenheit.

Kevins Vater ist vor wenigen Wochen völlig überraschend gestorben. Einer seiner Freunde hat Kevin auf den Film »The Way« aufmerksam gemacht. Dieser hat ihn inspiriert, spontan nach León zu fliegen und diesen Weg, diese Reise seinem Dad zu widmen. Diesen speziellen Ort der Trauer hat er herbeigesehnt. Jede seiner Tränen hat er mit seinem mitgenommenen Stein weggewischt, in Erinnerung an seinen Vater.

In Sarria treffe ich einen Pilger, den ich schon Ewigkeiten nicht mehr gesehen haben – Jesus. Nein, nicht den katholischen Jesus, sondern den spanischen Jesus. Jesus hat seinen Sohn verloren. Und wie es der Zufall bzw. der Camino so will, treffen Kevin und Jesus aufeinander und führen ein längeres Gespräch, das für mein Buch absolut nicht bestimmt ist.

By the way! Pilger, die nur die Urkunde La Compostela »absahnen« wollen, starten in Sarria. Ja, Sarria ist quasi der Startpunkt für die »Touristen« unter den Pilgern, für jene, die den Weg auf ihrer To-do-Liste abhaken wollen. Im März letzten Jahres war die Stadt, wie die Wiener Innenstadt an einem Samstagabend, gefüllt. Bei meinem jetzigen Besuch ist das nicht so. Diesmal ist aber auch nicht Osterwochenende, sondern Nebensaison. Lucky me!

4. Oktober 2017
Sarria – Gonzar
In einem Hotel habe ich zuletzt in der Schweiz übernachtet, mit meinem Vater in einem Doppelzimmer. Heute ist es wieder einmal so weit. Nachdem ich die vergangenen vier Tage im Schnitt über vierzig Kilometer gegangen bin, will ich zumindest würdig schlafen und meinem Körper das bieten, was er sich verdient hat: Erholung in Form von Ruhe und vor allem ohne Schnarcher und »Überraschungskuschler«. Nach diesen vier Tagen geht sich abends aber kein richtiger »Herabschauender Hund« mehr aus, vielmehr sieht meine Yogapose wie ein »Toter Hund« aus.

Tagsüber werde ich auf dem Weg von vielen Menschen inspiriert. Ein Pfarrer fragt gefühlte tausend Pilger, wo er denn noch einen Stempel bekomme, damit er ja in Santiago sein Zertifikat erhält.

Dieses »Diplom« beweist, dass ein Pilger die letzten hundert Kilometer per pedes, per Rad/Dreirad, Segway (?) oder mit dem Pferd/Esel/Kamel/Hund/Kätzchen/Ameisenbär etc. zurückgelegt hat.

Zwei Stempel täglich sind ein Muss, sonst bekommt man nur einen feuchten Händedruck in Santiago, wenn überhaupt.

Mir persönlich geht's nicht ums Kalorienverbrennen, Kilometerzählen, um Stempel oder die Auszeichnung in Santiago. Mir geht's um die Geschichten und Abenteuer, die ich Tag für Tag, Stunde für Stunde erleben DARF. Ich sammle die Abdrücke also nur, ehrlich gesagt, um ein warmes Bett in den Herbergen zu bekommen. Würde ich die Stempelsammlungen nicht mit mir tragen, müsste ich wohl immer im Freien oder in Hotels oder Hostels übernachten.

PS: Heute bin ich von »Frankfurtern« eingeladen worden, nein, nicht von Würsten, sondern von liebenswerten Deutschen, die auch fleißig meinen Blog lesen. Seid gegrüßt auf diesem Wege :)

PPS: Trifft sich gut, dass ich Jesus (siehe Foto) vor Ankunft in Santiago noch getroffen habe, weil ich mit ihm ein ernstes Wort reden musste.

PPPS: Ja, der Eindruck täuscht nicht! Nach 45 Kilometern schaut man nicht mehr so frisch aus der Wäsche, aber die Glückshormone sorgen immer noch für einen strahlenden Pilger.

Die einen suchen nach dem Bruder von Buddha – und ich bin »Jesus« tatsächlich begegnet ...

5. Oktober 2017
Gonzar – Boente de Arriba

Von der Schweiz nach Santiago – der Enkelsohn 17 und der Großvater 70. Vor zehn Jahren haben die beiden ihr Projekt gestartet. Gestern haben sie sich aufgemacht, die letzte Etappe von Sarria nach Santiago gemeinsam mit der Großfamilie zu beenden.

Heute habe ich durchaus Glück mit meiner Herberge, zwölf Euro, ein Schlafraum, zehn Pilger, ein Schnarcher. Unterdurchschnittlich gut. »Normalerweise« sind drei von zehn Pilgern Schnarcher, laut Merkinger-Analyse.

Morgen wird's ernst, ein weiterer Meilenstein auf meinem Weg: Santiago. Von Boente de Arriba und Santiago trennen mich 47 Kilometer. Morgen heißt's also nochmals reinbeißen, dann erwartet mich plangemäß ein Ruhetag. Ich bin gespannt, ob ich diesen Ruhetag auch wirklich so ruhig angehen werde.

6. Oktober 2017
Boente de Arriba – Santiago

Ich breche früh auf, immerhin erwartet meine Pilgerfüße heute eine längere Tour, genauer gesagt 47,4 Kilometer. Um 7 Uhr starte ich im Stockdunkeln. Jeden Schritt, jeden Atemzug nehme ich bewusster wahr als sonst. Ob dies am Vollmond liegt oder am Faktum, dass meine Füße ein wenig lädiert sind bzw. meine Bronchien im Morgengrauen noch nicht so mitspielen wie sonst, sei dahingestellt. Das Durchqueren der Eukalyptuswälder ist Balsam für meinen Körper. Warum? Nach den letzten ereignisreichen Duftspektakeln in den Schlafsälen haben meine Bronchien, Lungenflügel & Co. wieder Bock, tief ein- und auszuatmen.

Bis Kilometer 20 geht sich's leicht, zwischen der 20- und 35-km-Marke zieht es sich schon mal, aber ab Kilometer 35 kommen Glückshormone ins Spiel, die mich regelrecht fliegen lassen. Ja, man könnte meinen, dass ich ab diesem Zeitpunkt in einen rauschartigen Zustand komme, natürlich ohne Einsatz von Drogen. Vorsicht ist also angesagt. Pilgern unter 18 Jahren sollte deswegen untersagt werden!

Im Vorjahr hat sich für mich das Ankommen in Santiago nicht wie ein Ankommen angefühlt. Heuer ist dies ein wenig anders. Zum ersten Mal ist mir so richtig bewusst, was ich die letzten Monate vollbracht habe. 3000 Kilometer zu Fuß + 200 Instagram-Fotos in vier Monaten + tägliche Instagram-Storys + tägliche Blog-Einträge.

ABER das wäre ohne die Unterstützung von so vielen liebenswerten Menschen in meinem Umfeld nicht möglich gewesen, deswegen habe ich meine Liebsten angerufen, mich bei ihnen bedankt und sie die letzten Kilometer nach Santiago geistig mitgenommen.

Dieser Zeilen klingen ein wenig so, als wäre meine Reise nun vorbei. Tja, ganz so ist es auch nicht. Santiago ist für mich ein weiterer Meilenstein. Und ein weiterer wichtiger Ort, der mir Kraft gibt auf meiner Pilgerreise, also ein Kraftort.

7. Oktober 2017
Santiago
Ruhetag

Ganz schön viel los hier, also kein ruhiger Tag an meinem Ruhetag.

Das Ankommen in Santiago ist schon etwas ganz Besonderes für mich, weil es eben tatsächlich ein Ankommen ist. Dieses Gefühl hatte ich im Vorjahr erst später, in Muxia bzw. Finisterre.

Der letzte Pilgertag Richtung Santiago hätte nicht berührender sein können. Ich rufe nochmals alle Menschen an, denen ich stets gerne Eintritt in meine linke Herzvorkammer gewähre. Das sind Freunde und Familienmitglieder, die meinen Blutdruck intensivieren und meinen Herzschlag beschleunigen. Das sind Menschenkinder, ohne die es mich auf Erden nicht geben würde und ohne die ich hier und jetzt nicht in Santiago wäre.

Für mich ist nicht Santiago die Krönung meiner Reise, sondern es sind die täglichen Geschichten, die ich erlebt habe. Und auch nicht die begehrte Urkunde La Compostela ist das Highlight, sondern jeder einzelne Schritt meiner Füße, die mich hierher trugen.

Meinen Füßen habe ich übrigens eine Fußmassage und Pediküre versprochen, wenn ich in Marrakesch bin. Das haben sie sich wahrlich verdient. Es kann allerdings auch gut sein, dass meine zwei blauen Großzehen keine Pediküre mehr benötigen, sondern eher ein Tape.

Die letzten paar Meter nach Santiago habe ich Tränen vergossen. Tränen der Freude und der Erkenntnis, was ich eigentlich geleistet habe. Für mich hat sich diese »Leistung« nie wie ein Müssen oder gar eine Pflicht angefühlt. Stattdessen habe ich die Reise als ein Privileg angesehen und mich deswegen dem Prozess so hingeben und ihn genießen können.

Vor der Kathedrale in Santiago de Compostela treffe ich Maxime, mit dem ich immer wieder ein paar Meter nach Le Puy-en-Velay gelaufen, gepilgert oder gehumpelt bin. Wir umarmen uns, schweigen uns an, setzen uns nieder und genießen den Blick auf die Kathedrale.

Plötzlich huschen zwei deutsche Pilger auf mich zu und fragen mich, ob ich denn »der Ernst« sei – sie folgen mir schon seit Wochen auf ernstjetzt.com. Im ersten Moment bin ich perplex, in dieser intimen Situation angesprochen zu werden. Nach einem kurzen »Überraschungsschock« empfinde ich das Gespräch mit den beiden aber als sehr angenehm. Sie merken, dass mir dieser Augenblick hier und jetzt sehr viel bedeutet. Sie sind eben auch Pilger, und Pilger verstehen Pilger, Pilger fühlen Pilger und Pilger geben Pilgern Raum für ihr Dasein.

»The Last Stamp« ist meine Herberge an diesem Abend. Warum? Weil zentral gelegen und sauber wie die Pension Resi in Weistrach.

8. Oktober 2017
Santiago – Negreira

Gemütlich starte ich den Tag mit drei Croissants im Magen, Grüntee in der Blase und einem »Bergwelten-Instagram-Take-over«. Mir bereitet der Prozess rundherum außergewöhnlich viel Freude.

Manche gehen zur Arbeit, wohingegen ich zur Arbeit gehen darf. Ja, dieses »Meditieren mit den Füßen« in dieser Form erleben zu dürfen, ist ein absolutes Privileg.

Auf den ersten Blick könnte man meinen, dass mein Pilgerprojekt aus einer Hybris, aus Hochmut heraus entstanden ist. Das lass ich allerdings nicht gelten. Vielmehr ist es aus der Demut vor dem Leben entsprungen, weil ich mein Leben liebe.

Und wenn du dein Leben liebst, dann gehst du aus deiner Komfortzone heraus, gibst dich dem Leben hin, hörst auf, rational zu denken, und beginnst, das zu tun, was du wahrlich liebst – und bei mir ist es eben das Pilgern.

Ich möchte leben und nicht überleben. Unter »leben« verstehe ich auch »genießen«. Und für dieses Genießen braucht man finanzielle Mittel. Punkt. Und dass mich ausgerechnet in Santiago eine SMS meiner ersten »Unterkunft-Mum« erreicht, die ich vor meinem Pilgerstart nicht einmal gekannt habe und die mir nach einem einzigen Treffen eine großzügige Summe (1000 Euro) überwiesen hat, damit ich meinen »Traum« weiterhin leben kann – das beflügelt und verwurzelt zugleich. Dieser hochwertigen Finanzspritze wohnt auch deswegen eine enorme Kraft inne, weil sie auf Bedingungslosigkeit beruht. Und dies entfacht in mir Kreativität, Demut, Freiheit und Dankbarkeit.

Ein Insidertipp: Gehen Sie weiter nach Santiago. Es zahlt sich aus!

9. Oktober 2017
Negreira – Olveiroa

Ich bin mit Instagram-Storys für Bergwelten.com eingespannt, finde aber gleichzeitig auch wieder mehr Ruhe, weil von Santiago nach Muxia und Finisterre bedeutend weniger Pilger unterwegs sind. Der Großteil der Pilger-Rasselbande steigt nämlich in einen Bus oder ein Taxi ein, um Finisterre, das »Ende der Welt«, zu erleben.

Meines Erachtens ist dies fatal. Nein, es ist sogar eine Pilger-Todsünde, weil den Pilger hier der schönste Abschnitt der Reise erwartet. Auf diese letzten paar Meter kommt es nun auch nicht mehr an. Man würde einen mystischen Weg versäumen, der einen mit frei herumlaufenden Pferden, Eukalyptuswäldern, verträumten Dörfchen und glücklichen Einheimischen beschenkt.

Heute ist's übrigens wieder einmal ein Municipal zum Übernachten, das heißt: 5 Euro, 50 Betten, 5 Schnarchnasen und ungefähr 500 Bettwanzen zum Kuscheln. Who cares?!

10. Oktober 2017
Olveiroa – Muxia

Neben mir schläft ein Italiener (58). Diagnose: Schilddrüsenkrebs. Der Kerl hat nur noch wenige Monate zu leben, wurde ihm gesagt. Und das Makabre an der Sache ist, dass er ebenso gerade im Endspurt des Pilgerns ist. Nichtsdestotrotz oder gerade deswegen ist er frohen Mutes und erzählt mir in gebrochenem Englisch und mit leuchtenden Augen von den Geschichten, die er entlang des Weges und in seinem Leben erfahren hat.

Auf die Frage, ob er mir denn einen Tipp auf meinen Lebensweg mitgeben möchte, antwortet er: »Lebe dein Leben heute und nicht morgen!«

Entlang der Küste von Muxia nach Finisterre.

11. Oktober 2017
Muxia – Finisterre

Da steh ich nun, ich armer Tor, und bin so klug als wie zuvor …

Servus, Finisterre! Schön, dich wiederzusehen! Ich habe diesen Tag sehnsüchtigst erwartet, und da ist er nun. Vier Monate und einen Tag hat es vom Wiener Kutschkermarkt bis ans »Ende der Welt« benötigt. Dieser Weg hat mir nicht alles, aber vieles abverlangt. Umso mehr kann ich mich freuen, heute hier zu sein.

Dass der letzte Tag in Europa so viel Magie in sich trägt und mich mit einigen Überraschungen beschenkt, war nicht zu erwarten:

Ein frisch verlobtes Paar aus Deutschland, das mir die Bestätigung für meinen zweiten Bergwelten-Beitrag gibt, dass man sich die Fingerchen aufwärmen kann fürs Standesamt, wenn man den Camino als Paar friedlich überlebt …

Dann sind da noch die Ziegen, die entlang der Felsklippen »klettern« und die Kulisse noch atemberaubender gestalten.

Oder mein Seelenverwandter Ryan, der mich mit seinen Eltern sowie »Shuttledienst back to Santiago« surprised.

Und schließlich Björn aus Island, den ich meinen letzten Moment am »Ende der Welt« schenke, weil er wieder Kraft und Lebenslust gefunden hat, weil er sich dank des Weges und vieler guter Gespräche mit den Pilgern wieder erinnern kann, dass das Leben lebenswert ist.

Kurz zur Erklärung: Björn war im Gefängnis, weil er beinahe einen Menschen getötet hat. Dieses Geschehnis ist Teil seines »Lebenskuchens«. Aber es kommt nicht nur auf ein einzelnes Stück an, sondern auf den ganzen Kuchen, und der alte Björn wandelt sich gerade zu einem wunderschönen Menschen … Er ist ein lebender Beweis, dass man jedem stets die Chance geben soll, sich zu ändern. Oder wie er selbst zu sagen pflegt: »I'm trying to change from a bastard to a human being.«

Für mich ist dieser Ort hier ein Beginn. Der Beginn einer neuen Reise, denn am 13. Oktober geht's weiter Richtung Casablanca, und dann erwarten mich noch knackige 300 Kilometer.

Finisterre! Es ist vollbracht (vorerst zumindest …)!

Björn, der Mann, der mit seinem Leben eigentlich schon abgeschlossen hatte und jeden Tag mehr und mehr Lebensfreude entwickelte.

Wie ging das alte Sprichwort nochmals? – Verliebt, verpilgert, verlobt, verheiratet …

13. Oktober 2017
Flug von Santiago nach Casablanca
Nun sitze ich im Flieger und denke mir: »Alles hat ein Ende, nur das Pilgerreisen nicht.«

Ja, Pilgern macht süchtig wie Omas Schokostrudel oder Thomas Brezinas Knickerbocker-Bande-Sendungen in meinen Jugendtagen (oder auch seine mittlerweile berühmt-berüchtigten Instagram-Storys). Einmal Pilger, immer Pilger. Einmal Knickerbocker-Fan, immer Knickerbocker-Fan. Hat man einmal Pilgerluft geschnuppert, kommt man nicht mehr so schnell los – wobei: Auf die stickige Luft in manchen Schlafsälen könnte ich durchaus verzichten.

Wie auch immer, nach 3000 Kilometern und »a poar zerquetschten« bin ich am »Ende der Welt« angekommen. Als solches gilt zumindest das Kap Finisterre an der Westküste Nordspaniens seit jeher (obwohl es rein geografisch nicht ganz zutrifft ...). Hier ist auch das eigentliche Ende des Jakobswegs, und das fühlt sich richtig, richtig gut an. Dabei geht's jetzt eigentlich erst los! Wie? Na ja, das i-Pünktchen wartet noch auf mich. Wie, das i-Pünktchen? Na ja, der Marsch von Casablanca nach Marrakesch.

Der Marsch von Casablanca nach Marrakesch wird ein wahres Abenteuer werden. Neues Terrain, neue Kultur, keine Markierung, neue Wildtiere und viel, viel Chaos – Marokko eben. Ich habe schon mein Testament verfasst, in dem geschrieben steht, dass mein Instagram-Account im Fall des Falles von Thomas Brezina übernommen werden soll. Damit könnte ich dann wenigstens in der Gewissheit den Planeten Erde verlassen, dass die »Qualität« meiner Instagram-Storys aufrechterhalten bleibt.

Abseits von Mama und Oma haben mir auch erfahrene Geher, wie ein Pilger aus Holland, davon abgeraten, in Marokko im Freien zu zelten. Dort würde mir nämlich fix das Equipment gestohlen, und nur wenn ich Glück habe, das Leben gelassen werden. Ein muslimischer Pilger hat gemeint, dass ich mich insbesondere vor den marokkanischen Schwiegermüttern in Acht nehmen solle, weil sie Hokuspokus bzw. Voodoo-Zauber betreiben, um ihre Töchter unter die Haube zu bekommen.

Well, mit diesen Rat-Schlägen muss und kann ich gut leben. Am wichtigsten ist, dass ich konsequent auf mein Gefühl höre. Inschallah (so Gott will), wird schon alles gut gehen!

Ein Vorteil ist, dass ich mittlerweile wie ein Backhendl gebräunt bin und deswegen zumindest als halber Marokkaner durchgehe. Als weitere Vorsichtsmaßnahme werde ich mir noch den Bart rasieren, sodass man meinen könnte, ich sei zwölf, und man mich deswegen nicht entführen würde, sondern liebhaben muss. Wobei – die muslimischen Schwiegermütter könnten dies erst recht als Entführungsgrund sehen?!

Nein, im Ernst jetzt. Ich freue mich riesig auf diese letzten paar Meter auf marokkanischem Boden. Und ganz besonders freue ich mich darüber, wieder an jene Stätten zurückzukehren, die nicht nur mir, sondern auch meinen Großeltern 1970 viel Leben eingeflößt haben.

Casablanca, sei herzlich gegrüßt!

13./14. Oktober 2017
Casablanca
Nach einigen emotionalen »Goodbyes« in Santiago de Compostela bin ich nun dort angekommen, wo die Reise nochmals bei null losgeht bzw. richtig losgeht, in Casablanca. Und wie ich es schon im Vorjahr gespürt habe: dieses Land pulsiert! Es pulsiert hier – und auch in mir – alles schneller, stärker und vor allem chaotischer. Diese Energie kann einen schon mal nach 3000 Kilometer der Kontemplation flashen. In gewissen Gebieten Marokkos ist Sicherheit nicht gewährt – ein Faktum. Insofern werden die letzten rund 270 Kilometer über Marrakesch bis zu André Hellers Anima Garden eine reizvolle Herausforderung darstellen.

André Heller – Ein Schubladenloser
André Heller ist für mich ein »Erheller« – am 23. Jänner 1993 ist er seinem Namen gerecht geworden und hat auf dem Wiener Heldenplatz mit dem »Lichtermeer« gegen Ausländerfeindlichkeit eine Friedenskundgebung wirken lassen. André Heller ist aber in keine Schublade zu stecken. Er passt weder in eine »Universalkünstler-Schublade« noch in die des Chansonniers, weil er einfach ein geistreicher »Kapazunder« ist. Er passt maximal in die André-Heller-Schublade, wobei diese schön langsam auch aus allen Nähten platzt. Er hat deshalb – true story – schon überlegt, seinen Namen zu ändern. Wenn man in diese Schublade reinguckt, dann erwarten einen irrsinnige Überraschungen.

Mit dem Alter wird Heller immer offener, und mit seiner Authentizität strahlt er eine menschliche Kraft aus, dass einem schon mal die Spucke wegbleibt. Ich könnte diesem Mann stundenlang zuhören, aber seine »Schmöker« hingegen nur wenige Minuten lang lesen, weil sie mit schriftlichen Sprachjonglagen geschmückt sind, sodass sich meine Synapsen verknoten und bei mir einen Stromausfall auslösen. Einzig seine Biografie »Feuerkopf«, die habe ich in einem Zug im Zug ausgelesen, aber gut, die hat ja auch nicht er, sondern Christian Seiler verfasst.

Der Magier Heller sagt, dass die Abenteuer im Kopf beginnen, da hat der weise Mann schon recht. Also bitte folgen Sie diesem Gedankengang auch. Denn wenn Sie diesem möglichen Abenteuer nicht genug Gehör schenken, sind dreißig Jahre schnell mal vorbei und Sie stehen mit einem verlorenen »Gedankenfurz« da.

Die Taten sind die Wunder, die einen wirklich bereichern, nicht die Idee itself oder gar nur das Philosophieren allein. Also lesen Sie das eine oder andere Buch des Großmeisters, aber legen Sie's dann auch wieder beiseite und erobern Sie die Welt.

Casablanca bedeutet übrigens »Das weiße Haus«. Sie ist mit Abstand die größte Stadt Marokkos, genauer gesagt leben 3,3 Millionen Menschenkinder hier. Dementsprechend wuselt es in der Stadt. Und du darfst dich gegen diesen energiegeladenen Schwarm nicht wehren. Wenn du dich auf diese wie ein Bienenschwarm funktionierende Stadt einlässt, dann kannst du sie genießen, ansonsten bist du verloren.

Mein türkischer Freund und Host hat mir ein paar Schauergeschichten von Casablanca und von seinen Marokko-Trips erzählt. Dabei ist mir ein wenig anders zumute geworden ... Vor allem auf Touristen oder Mädchen haben es sogenannte Gangs abgesehen. In Marokko findet man aber auch das andere Extrem vor – Gastfreundschaft der ganz besonderen Sorte. Bei der Hassan-II.-Moschee treffe ich einen Deutsch sprechenden Muslim aus Fès, der mir anbietet, falls ich nach Fès kommen sollte, bei ihm zu übernachten. Und das, obwohl wir nicht einmal zwanzig Sekunden miteinander gesprochen haben.

Aber nun zurück an den Start: Primär führt die Strecke über eine Hauptstraße von Casablanca nach Marrakesch. Sie ist quasi die ultimative Version der spanischen Meseta: kein Schatten, viel Verkehr und wenige bis keine Ortschaften. Notiz für mich: Wasser und Futtervorrat mitnehmen, sonst sind die ersten vierzig Kilometer in dieser drückenden Hitze und neben den vorbeirauschenden Autos wohl nicht zu überleben.

Tja, ich bin wirklich gespannt, was ich die nächsten sieben bis zehn Tage so alles erleben darf, soll und muss.

TAG 1
Berrechid

Heute waren es vierzig Kilometer. Mittlerweile sind solche Strecken prinzipiell kein Problem mehr – allerdings gehe ich hauptsächlich auf asphaltiertem Terrain und neben mir zischen Tausende Autos vorbei, deren Auspuff noch nie einen Filter gesehen haben. Deswegen werden die gröberen Feinstaubpartikel durch meine Nase bzw. Lunge herausgefiltert.

Diese beiden Protagonisten meiner Atemwege machen auf sich aufmerksam, indem sie mir gelbweißen bzw. grau melierten Schleim schenken. Nachdem selbst eine Taschentuchpackung zu schwer ist, zu viel Platz braucht und ich mich an die marokkanischen Sitten anpassen möchte, mache ich ab und an einen so genannten »Bauernschnäuzer«, den man eigentlich in »Fußballerschnäuzer« umbenennen sollte, weil ich mehr Fußballer rotzen sehe als Landwirte.

Ansonsten habe ich keinen »Schleim« auf meinen Entschluss, diese Teilstrecke zu absolvieren, ganz im Gegenteil. Ich bin motiviert, obwohl die Route, wie gesagt, der Meseta ähnelt – kein Schatten, über 30 Grad Celsius und flach wie ein Tisch.

Pilger habe ich hier – no na – noch keine gesehen, dafür aber unzählige Autos. Also sexy ist diese Strecke gewiss nicht, aber das war mir sonnenklar. Immerhin bin ich diesen Abschnitt letztes Jahr selbst mit dem Auto gefahren, aber darum geht's jetzt nicht.

Es geht vielmehr um das Abenteuer, mich Schritt für Schritt meinem Endziel zu nähern – umgeben von einer Lebendigkeit der Einheimischen, wie ich es nirgends bis dato erlebt habe, und zu Fuß haben diese Begegnungen eine ganz andere Qualität.

Das Einzige, was ich über Berrechid weiß, ist, dass es sich um eine größere Stadt handelt, die allerdings nicht für den Tourismus gemacht ist. Insofern ist klar, dass ich hier sehr unwahrscheinlich ein Hotel vorfinden werde. Aber das macht nichts. Ich hätte sowieso nicht reserviert, weil mir das zu einfach gewesen wäre. Außerdem möchte ich mit den Einheimischen in Kontakt treten, auch wenn ich kein Französisch oder Arabisch spreche. Aber mit einem netten Lächeln, einfachen, herzlichen Gebärden, wie z. B. einem Griff aufs Herz, habe ich noch mit jeder Person kommunizieren können.

Im Café Khozama angekommen, frage ich beim Service nach, ob es denn hier ein Hotel gäbe. Da der Kellner kein bisschen Englisch spricht, bitten mich zwei Brüder und ihr Freund zu ihrem Tisch. »Sit down, brother!« Ich setze mich nieder und er sagt zum Kellner, dass er noch eine Kanne Minztee bringen solle für ihren dritten Bruder – nämlich mich.

Zakaria: »What do you need, brother?«

Ich: »I'm looking for a place to stay ... just for one night – do you have any idea where I could stay tonight?«

Die Jungs beginnen untereinander arabisch zu sprechen.

Zakaria: »Sorry, but there is no hotel, and sorry, brother, but we are sleeping in one room with eleven people in Berrechid, but you can stay at my second casa 70 kilometres before Marrakesh. No problem!«

Ich greife mir mit der rechten Hand auf die linke Brust und antworte: »Thanks, man! I really appreciate! Akhy shkra lk (Danke, Bruder)!«

Er gibt mir noch seine Telefonnummer, damit wir uns die nächsten Tage kurzschließen können. Anschließend geben wir uns einen Handschlag, schnippen mit den Fingern und umarmen und verabschieden uns wie echte marokkanische Brüder, oder wie Möchtegern-Gangster das eben so tun. Als ich den Tee zahlen möchte, besteht Zakaria darauf, zu bezahlen. Sein Blick war so angsteinflößend und überzeugend zugleich, dass ich ihm nicht widersprechen wollte.

Ich verlasse das Lokal mit einem »Akhy shkra lk« Richtung meines muslimischen Bruders und des Kellners. Ich gehe keine fünfzig Meter, als ich ein Pärchen frage, ob es vielleicht ein Hotel wüsste, in dem ich übernachten könnte.

Mohammed: »Not here, but in Casablanca. But you can sleep at my place!«

Ich: »Are you sure?!«

Mohammed: »No, problem, my friend. No problem. I will pick you up in one hour, ok?!«

Ich: »Thank you so much! I really appreciate. I will wait for you at this café.«

So gehe ich zurück zu meinen Jungs, trinke mit ihnen Tee und spreche über die aktuellen Wahlen in Österreich, Zakaria zeigt mir Fotos von seinen Reisen. Die Jungs geben mir wertvolle Tipps für die kommenden Tage, weil es in der nächsten Stadt, Settat, von wilden Kerlen nur so wimmeln soll – aber, Inschallah, wird schon alles gut gehen.

PS: Mohammed checkt mir dann noch extra vom Nachbarn eine Matratze, damit ich in seinem bescheidenen Zuhause angenehm übernachten kann. In einem Hotel zu schlafen, wäre vielleicht gemütlicher, aber es geht nichts über diese spontane Herzlichkeit, ich werde sie mein gesamtes Leben nie vergessen.

TAG 2
Settat

Neben mir zwitschern Mobile vorbei, deren Benützer nicht einmal wissen, dass es so etwas wie eine TÜV-Prüfung gibt oder Puffer, die Schadstoffe filtern können. Das Wort »Verkehrsregeln« scheint in ihrem Jargon auch nicht vorzukommen.

Bei den fahrenden Bussen sind alle Türen geöffnet, damit statt der nicht funktionierenden Klimaanlage zumindest ein Lüfterl den Achsel- und »Gluteus-maximus-Ritzerl«-Schweiß trocknen lässt. Auch die Motorhauben sind geöffnet, damit die Motoren nicht zu brennen beginnen. Arbeiter oder auch einige Pilger, die auf dem Pannenstreifen 30 bis 40 Kilometer abspulen, überqueren die Autobahnstraßen.

Und dann gibt's da noch einen neuen marokkanischen Autobahntrend. Wie, Trend? Kennen Sie vielleicht Urban Gardening? (Urban Gardening, auch als urbaner Gartenbau bekannt, ist die meist kleinräumige, gärtnerische Nutzung städtischer Flächen innerhalb von Siedlungsgebieten oder in deren direktem Umfeld. Quelle: Wikipedia) In Marokko wird eine neue Art des Gartelns gepflegt: Highway Gardening. Während meines 35-Kilometer-Hatschers – ja, es fühlt sich tatsächlich im Moment wie ein Hatscher an, weil eben monoton, wie Autobahnen so sind –, pflücken einige Arbeiter im grünen Trennstreifen der Autobahnstraßen Oliven!

Meine Schlussfolgerung: Grüne Oliven sind vom Land und schwarze Oliven von der Autobahn, weil die eigentlich grünen Oliven durch den Feinstaub fein schwarz gefärbt werden?! Aber gut, das ist meine Theorie ...

Olivenbäume mit grünen Oliven findet man übrigens auch in André Hellers Anima Garten vor. Der Garten, der als meine Enddestination gilt! Enddestination natürlich im Sinne von »geografisch betrachtet«, hoffe ich zumindest.

Das marokkanische Pflaster hat immer wieder Überraschungen und »Unterraschungen« parat – so wie in Settat, wo mir pubertäre Jungs, auf ihren Rädern und Mopeds sitzend, mit Holzstecken auf meinen Allerwertesten schlagen, die Wasserflasche stehlen und mich beschimpfen. In solchen Momenten gilt es, ruhig zu bleiben, ein Pokerface aufzusetzen, die ASS-Karte auszupacken und einfach mal den Blick nach oben richten, die Hände nach oben strecken und ein überzeugtes »Allah« und »Shkra« (danke) wirken lassen.

Allah, Buddha und Gott waren anscheinend tatsächlich in diesem Moment vor Ort und auf meiner Seite, denn gegen sechs Jungs hätte ich nach 32 Kilometern keine Kraft mehr zum Kämpfen gehabt. So haben sie mir schließlich sogar die Flasche wieder zurückgegeben und mich mit einem braunen Streifen im Unterhöschen weiterziehen lassen ... Ja, richtig geraten! In Marokko wird es gewiss nicht langweilig.

Um 300 DH (Marokkanische Dirham, entspricht 30 Euro) finde ich ein überteuertes Hotel im Stadtzentrum. Diesen Abend nütze ich für meinen vorletzten Bergwelten-Artikel und für die Beantwortung von Fragen für ein Spiegel-Online-Interview (Abdruck mit freundlicher Genehmigung – vielen Dank!):

SPIEGEL ONLINE: Sie sind im Juni zu Fuß in Wien gestartet. Vor einer Woche hatten Sie das Kap Finisterre im Nordwesten Spaniens erreicht, jetzt haben Sie Ihr Ziel Marrakesch fast erreicht. Was reizt Sie am Pilgern?

Merkinger: Das Pilgern ist eine sehr einfache Form des Lebens. Sie lässt einen erkennen, was wirklich zählt, was man benötigt und mit welchem Luxus man in der Heimat umgeben ist. Auch inspirieren mich die Menschen, denen ich unterwegs begegne, und die Gespräche, die sich dabei ergeben.

SPIEGEL ONLINE: Welche Rolle spielt der Glauben bei Ihrer Reise?

Merkinger: Ich komme aus einem christlichen, weltoffenen Elternhaus und bin als Kind jeden Sonntag in den Gottesdienst gegangen. Später bin ich aus der Kirche ausgetreten, weil ich mich nicht mit der Institution identifizieren kann. Das Pilgern ist für mich aber ein »Beten mit den Füßen«, ein religiöser Akt. Ich fühle mich dadurch mit der Welt verbunden, lebendig.

SPIEGEL ONLINE: Wie haben Sie sich auf die Wanderung vorbereitet?

Merkinger: Yoga und Meditation waren ein Teil. Ich wusste von der letzten Reise, dass nicht zwingend die physische Ausdauer, sondern vielmehr die mentale eine Rolle spielt. Den Vertrag für mein WG-Zimmer in Wien habe ich gekündigt, meine vier Kisten und ein Schlafsofa stehen in der Garage meines Vermieters. Weil ich seit vielen Jahren ein eher bescheidenes Leben führe, war das keine große Sache.

SPIEGEL ONLINE: 2016 sind Sie bereits von Pamplona ans Kap Finisterre gelaufen. Jetzt wollen Sie bis nach Marrakesch. Warum ausgerechnet dorthin?

Merkinger: Im vergangenen Jahr bin ich auch nach Marokko gereist und habe mich in das Land verliebt. Das Kap aber habe ich von Anfang an als mein europäisches Endziel angesehen. Der Weg von Wien bis nach Saint-Jean-Pied-de-Port war ein Aufarbeiten und Loslassen meiner Vergangenheit. Jeder Schritt war ein Schritt zu mir selbst. Der Weg von Casablanca bis Marrakesch wird der Weg der Inspiration sein.

SPIEGEL ONLINE: Wie viel Zeit haben Sie insgesamt eingeplant?

Merkinger: Vier bis fünf Monate hatte ich geplant. Meinen Zeitplan habe ich bisher eingehalten, annähernd. Krankheitsbedingt musste ich ein paar Pausentage einlegen, und ich wollte Zeit mit meinem Patenkind in Innsbruck verbringen. Außerdem habe ich immer wieder liebenswerte Menschen entlang des Weges getroffen, mit denen ich mich länger unterhalten wollte.

SPIEGEL ONLINE: Ihre Reise finanzieren Sie größtenteils über Crowdfunding. Warum?

Merkinger: Ich habe zwar ein Back-up in Form von Erspartem. Das hätte mir auch die Möglichkeit gegeben, zu überleben, aber ich wollte mehr: leben. Und das bedeutet für mich auch, frei entscheiden zu können, ob ich heute faste oder ob ich mir »Luxus« wie ein Einzelzimmer gönne. So kam ich auf die Idee meiner Crowdfunding-Kampagne. Vor meiner Reise war ich ein paar Monate arbeitslos. Am Anfang hat sich das Arbeitslosengeld noch wie ein bedingungsloses Grundeinkommen angefühlt, aber dann wurde ich immer unzufriedener – weil ich quasi fürs Nichtstun bezahlt wurde. Jetzt werde ich bei meinem Tun von wildfremden Menschen unterstützt, weil sie sich für mich, für meine Reise interessieren. Die Phase der Arbeitslosigkeit hat mich beim Pilgern immer demütig zurückblicken lassen. Ich bin froh, dass ich das inzwischen hinter mir habe.

SPIEGEL ONLINE: Schlechtes Wetter, schnarchende Zimmergenossen – eine Pilgerreise hat auch ihre Schattenseite. Wie gehen Sie damit um?

Merkinger: In vier Monaten hatte ich vielleicht vier Regentage, dafür bin ich sehr dankbar. Mit der Zeit bin ich so tiefenentspannt geworden, dass ich unangenehme Situationen einfach so hinnehme, wie sie sind. Wenn der Schuh drückt, wird er eben gestretcht oder ein neuer gekauft. Regnet es, ziehe ich einen Regenmantel an. Wenn jemand schnarcht, dann lasse ich ihn weiterschnarchen und konzentriere mich nicht auf sein Schnarchen, sondern versuche, lauter zu schnarchen – oder stecke mir Ohropax in die Ohren.

SPIEGEL ONLINE: Die Strecke von Saint-Jean-Pied nach Roncesvalles bezeichnen Sie auf Ihrem Blog als absolutes »Lowlight«. Warum?

Merkinger: Als Migränepatient weiß ich eigentlich mit Schmerzen umzugehen. An diesem Tag aber taten meine Füße nonstop weh, 40 Kilometer lang. Dazu kam, dass mein Handy-Akku leer war, ich somit kein GPS mehr hatte und einen 16 Kilometer langen Umweg gemacht habe.

SPIEGEL ONLINE: Wie haben Sie es geschafft, durchzuhalten?

Merkinger: Ich gehe immer wieder an meine Grenzen und kann mich gut quälen. Ich habe mir immer wieder Mut zugesprochen und mir eingeredet, dass es eh nicht mehr weit ist. Nach 2000 Kilometern war es aber allerhöchste Zeit, dass ich mal ein bisschen ausgebremst wurde, sonst wäre die Reise zu einfach gewesen.

SPIEGEL ONLINE: Sie sind quer durch Österreich, die Schweiz, Frankreich und nach Nordspanien dem Wanderzeichen der Jakobsmuschel gefolgt. Welcher Teil der Strecke hat Ihnen bisher am besten gefallen?

Merkinger: Die gesamte Tour durch die Schweiz – weil ich von See zu See gepilgert bin, permanent von den Bergen umgeben war und Menschen getroffen habe, die man schon wegen ihres Dialekts liebhaben muss. Einzig die Kuhglocken auf den Almen können einen schon narrisch machen.

SPIEGEL ONLINE: Was raten Sie Menschen, die selbst gerne eine Pilgerreise machen wollen?

Merkinger: Sich nicht im Konjunktiv zu üben, sondern das Flugticket gleich heute noch zu buchen. Die erste Nacht auf dem Jakobsweg verbringt man am besten in Navarrenx, in der Herberge des berühmten Alchemisten.

Ernst Merkinger befand sich am Donnerstag kurz vor Marrakesch.

Aus: Spiegel Online, 20.10.2017
http://www.spiegel.de/reise/europa/pilgern-von-wien-nach-marrakesch-warum-ernst-merkinger-das-macht-a-1173554.html

Marokko: Endlose Straßen, bis zu 40 Grad im Schatten, links und rechts Wüstenlandschaft und Autos, die in ihrem Leben noch nie einen Schadstoff-Filter gesehen haben.

TAG 3
Eine Raststätte als Übernachtungsstätte

Man könnte meinen, dass diese letzten paar Tage »Kindergarten« für mich sind. Denkste! Diese Kilometer verlangen mir alles ab – physisch und psychisch. Ich merke, dass mein Lymphsystem nicht mehr so gut funktioniert wie gewohnt. Und deswegen denke ich mir: Nur nicht stehen bleiben, weil es sonst Zeit hat, sich zu beschweren und meine Füße mit Wasser füllt.

Zwischen Settat und Ben Guerir gibt's nichts – außer einer Raststation, und auf diese habe ich gehofft – und gezockt, dass ich dort übernachten kann, und dann ist es auch so. Das liebe Service der Raststätte lässt den »müden Krieger«, äh Pilger ohne Widerrede im Eck schlafen wie einen Bären. Könnte man meinen. Doch in Wirklichkeit hindern mich die nervigen Fliegen daran, ebenso das Tropfen des Wassershahns in der Küche, der harte Boden (auch drei Kartons nutzen nichts), die zum Teil lauten Gäste, die Kaffee bestellen, und das Service, das die unfassbar laute Kaffeemaschine bedient. – Des is jo nu vü ärger, ois mit 160 Leut' in einer Pilgerherberge zu übernachten!!

Tagsüber bin ich zu neunzig Prozent neben dem Pannenstreifen unterwegs – zum Glück gibt es einen Streifen Schotter, sodass ich meine Gelenke etwas »schone«. Wobei von »schonen« nicht wirklich die Rede sein kann, immerhin überschreite ich an diesem Tag wieder die 50er-Marke – sagt zumindest Google Maps.

Nach dem ausgiebigen und bisher besten marokkanischen Frühstück starte ich relativ spät, dafür aber umso energischer und motivierter von einem Café aus. Immer wieder hupen Autos, wenn sie an mir vorbeifahren, weil es natürlich nicht regelkonform ist, was ich da tue. Aber gut, was ist schon regelkonform hier in Marokko!? Interessanterweise tangiert es die vorbeifahrenden Polizisten und das Militär am allerwenigsten, dass ich auf dem Pannenstreifen pilgere.

Dann gibt es tatsächlich auch einen Autofahrer, der mir einen Müesliriegel zuwirft, und dann einen Bus- und einen Taxifahrer, die anhalten, um mich kostenlos nach Marrakesch mitzunehmen –

sehr, sehr lieb von ihnen, aber die letzten Pilgermeter will und werde ich jetzt auch noch runterdrücken. Ja, »runterdrücken« ist der richtige Begriff – es bleibt mir nichts anderes übrig.

Zwischen meinen eingeplanten Stationen ist nichts – außer Olivenbüsche, Oleander, Autos, tote Katzen, verweste Hunde, tote Vögel, viel Müll, Glasscherben, Spuren von Reifenplatzern, Schlangen (ahhh) und Bauernhöfe.

Bei einem Bauernhof frage ich sogar wegen einer Übernachtung an, aber mir wird auf Arabisch klargemacht, dass die Polizei etwas dagegen habe. Stattdessen serviert mir der Besitzer einen Minztee und selbst gemachtes Brot mit Öl, ich vermute, es ist Arganöl.

Bevor ich aufbreche, will ich ihm unbedingt als Dank etwas Geld zustecken, aber das lehnt er ab. Er will mir, so deute ich es, kommunizieren, es sei in Allahs Sinn, dass er mir Essen schenkt. Einzig eine Riegelbox, die ich heute Morgen im Supermarkt gekauft habe, nimmt er für seine Kinder an. Ich greife mir an die linke Brust, sage »Akhy shkra Ik« (»Danke, Bruder«) und ziehe weiter Richtung Raststätte.

Morgen und übermorgen erwarten mich ähnlich starke Tage und erst dann kann ich wieder etwas runter vom Gas gehen und meine letzten Schritte Richtung Anima Garten in vollen Zügen genießen.

Mein »gemütlicher« Schlafplatz in einer Raststätte namens »Winxo Oum Rabii« – irgendwo zwischen Casablanca und Marrakesch.

TAG 4
Ben Guerir

Jede Pilgerherberge ist besser als jene in Ben Guerir. I swear! Keine funktionierende Dusche, kacken im Hocken statt im Sitzen, die Türen können nicht oder nur schlecht verschlossen werden, weil die Schlösser aufgebrochen wurden, der Lattenrost wurde vermutlich durch die letzte Sexorgie beschädigt und draußen leben einige wilde Kerle, Straßenbanditen, wie mir ein Einheimischer gesagt hat.

Tja, aber eben das einzige »Hotel« weit und breit. Die Herbergsmutti will mich mit einer Geste beruhigen, nachdem ich gefragt habe, ob's denn hier eh sicher sei, und sie deutet mir quasi: »Du bist nun Teil unserer Familie – wir werden dich beschützen.«

Nun, dann werde ich ihr eben vertrauen, weil mir eh nix anderes übrig bleibt. Ich schlafe ein und wache immer wieder auf, weil am Gang ständig irgendwelche Türen auf- und zugemacht werden oder jemand das Hock-Häusel aufsucht.

TAG 5
Stadtrand Marrakesch

Der wohl härteste Pilgertag so far – mindestens 65 Kilometer stehen auf dem Programm. Warum? Weil mir wiederum nichts anderes übrig bleibt. Doch dieser Tag verläuft halbwegs gut, da ich zumindest sechs Stunden schlafen konnte und mich auch das Ende meiner Pilgerreise magisch anzieht. Immer wieder feuere ich mich selbst an, wie Thomas Muster (Österreichs ehemalige Nummer 1 im Tennis) in seinen heiß umkämpften Matches: »Come on!«.

Mir wird bewusst, dass jene 3000 Kilometer auf europäischem Boden ein »Muss« waren, um diese knappen 300 Kilometer in Marokko zu »überleben«. Nicht nur wegen der Physis, sondern vielmehr wegen der Psyche. Jeder Schritt muss »sitzen«, wenn eine 65 Kilometer lange Etappe wartet. Da gibt's kein Meckern, kein Zweifeln, sondern nur viele linke und rechte Schritte der Entschlossenheit.

An diesem Tag habe ich Glück, dass bei Kilometer 35 eine Raststätte liegt, die meine Batterien mit Tahin (Sesampaste) wieder auflädt. Immer wieder stoppen Einheimische, um mir eine Fahrt nach Marrakesch anzubieten, aber ich lehne mit einem Griff aufs Herz dankend ab. Doch gegen 19 Uhr, nachdem die Sonne schon untergegangen ist, Hunde mich anknurren und skeptische Blicke auf mich werfen, wird die Versuchung immer größer.

Und dann macht auch noch der Franzose Stéphane mit seinen Kids halt, um mir einen Ride anzubieten. Ich frage ihn, ob die Gegend sicher sei und wie weit es bis zum nächsten Hotel sei. Er antwortet: »It's not safe, but it's also not that bad. I guess in 5 km there is an Ibis Hotel. I give you my business card ... just in case you need my help. And by the way, you can stay at our place tomorrow. We are living in the centre next to Majorelle Garden in a villa.«

Tja, so läuft das hier ab. Ich glaube, das nennt man:

G-A-S-T-F-R-E-U-N-D-S-C-H-A-F-T!!

So komme ich spätabends finally in einem Haus der französischen Hotelkette Ibis an. Eine absolute Todsünde, wenn man bedenkt, dass marokkanische Riads überall zu finden sind. Das Ibis-Hotel ist eben das erstbeste Hotel – wobei, nein, nicht einmal das! Nur eben das erste nach 65 Kilometern.

ABER eins sei erwähnt und hervorgehoben: das Service ist super nice. Das Hotel too pricy (knappe 50 »Euronen«) für marokkanische Verhältnisse, but who cares?! Ich bin heute froh, überhaupt eine Möglichkeit zum Duschen zu haben. Ich schlafe seelenruhig ein und durch.

Stéphane beim Zeichnen einer neuen Tasche für den Shop seiner Freundin Jessy.

TAG 6

Marrakesch Center – Villa Stéphane und mein zweitliebster Garten

Liebes Marrakesch, schon am ersten Tag meiner Ankunft weiß ich, warum ich mich auf diesen harten asphaltierten Weg gemacht habe. Wer hat bitte die Marokkanerinnen diese Gastfreundschaft gelehrt? Unfassbar! Ich empfehle jedem FPÖ-Wähler, einmal nach Marrakesch zu reisen, um Marokkanerliebe zu erfahren, aber keiner/keinem MarokkanerIn, derzeit nach Österreich zu reisen. Aber gut, das ist eine andere Geschichte.

However, wie vorhin erwähnt, habe ich das Glück gehabt, bei der Autobahnabfahrt »Marrakesch« Stéphane anzutreffen, der mir eine Fahrt angeboten hat. Ich lehnte ab. Dann hat er noch eins draufgesetzt und mich in seine Villa beim botanischen Garten »Jardin Majorelle« eingeladen. Tja, da kann man sich nur bedanken und ihm die Füße küssen. Ich liebe diesen Garten wie keinen anderen. Wobei, da war doch noch ein anderer – richtig, der Anima Garten.

Der schöne Anima Garten muss noch ein wenig auf meine Ankunft warten, da ich »streichfähig« bin. Ich hatte die letzten Tage nicht die Qual der Wahl, sondern nur die Qual. Und ich habe zum ersten Mal eine Grenze überschritten, die mir diesen Abend Krämpfe, Verdauungstroubles und Schüttelfrost beschert. Aber mal ganz ehrlich und unter uns: Fair enough, lieber Körper! Du hast die vergangenen Monate stets mitgetanzt mit meiner »steinböckischen« Sturheit.

Auf dem Weg zu Stéphanes Villa muss ich einen Zwischenstopp einlegen, weil ich körperlich wirklich am Ende bin. Nach einem Burger mit Pommes, einem Schokomuffin mit Vanilleeis, dem besten Granatapfelsaft aller Zeiten und einem Treffen mit der lieben Ines, ebenso seit einer Woche hochoffizielle Pilgerin, sind meine Batterien wieder aufgefüllt. Ich marschiere weiter zu Stéphane, der mich mit seinen vier Kids, seiner Lebensgefährtin Jessy, seinen drei Wuffis und drei Katzen herzlichst empfängt.

Aber ich bin, wie man im niederösterreichischen Mostviertel zu sagen pflegt, »goa«. Insofern gilt morgen nur eins: Pause, Pause,

Pause … und mit Stéphanes Roller fahren. Ach ja, habe ich eigentlich schon einmal erwähnt, dass ich nicht nur Pilgern, sondern auch Rollerfahren liebe?! Nö? Ok, jetzt wissen Sie's.

TAG 7

Breakday – very much needed

Ich bin krank. Die letzte Nacht habe ich großteils auf der Toilette zugebracht. Mein Körper ist komplett am Ende und übersäuert. Schüttelfrost, Fieber, Husten, Schnupfen und Kopfschmerzen sind das Resultat. Aber ich bin in guten Händen, und jetzt kommt es nicht mehr darauf an, ob ich einen Tag früher oder später im Anima Garten ankomme.

The Plan for Tomorrow

Statt eines Kirchgangs werde ich – in Inschallahs bzw. Herrgotts Namen – den Boden des Anima Gartens betreten. Nur noch 30 Kilometer, diesmal mit abwechslungsreichem Terrain. Ich bin gespannt, welche Gefühle hochkommen werden.

Das Aufwachen im Hotel Ibis gestern wurde, so ehrlich muss ich sein, mit Tränen begossen, bedingt durch intensive Träume von meinem verstorbenen Cousin und Blutsbruder Andi. Es war das erste Mal nach seinem Tod, dass ich von ihm träumte. Ich kann mich nur an Teile des Traums erinnern. Vor allem daran, dass er mich am Kirchenplatz unserer Heimatgemeinde segnete, indem er mir ein Kreuz auf die Stirn malte. Während ich diese Zeilen schreibe, muss ich wiederum heulen … Andi, du fehlst!

Wenn Sie Zeit haben, dann gehen Sie auf meinen YouTube-Kanal »ernstjetzt« und suchen nach dem Titel »Andreas Kirchmayr – Stairway to Heaven«. Dieses Lied hat Andreas an einem Silvesterabend mit seiner Gitarre gespielt und filmisch festgehalten. Auch bei seinem Begräbnis wurde es abgespielt und hat für einen tiefgehenden Moment gesorgt.

Ich kann mich noch gut zurückerinnern, als mich meine Eltern am frühen Morgen angerufen und mir gesagt haben, dass Andreas tot sei. Tränen der Trauer, aber auch der Dankbarkeit, dass ich ihn begleiten durfte, flossen meine Wangen hinab. Wir haben acht Lebensjahre, Tag für Tag, miteinander verbracht. Wir wohnten im selben Haus, er mit seiner Familie im Erdgeschoss, ich mit meiner Family im ersten Stock.

Der Klettermax-Andi, der Immer-gut-drauf-Andi, der Einfühlsame, Andi, der Ich-esse-selbst-die-Gänseblümchen-mit-Himbeersaft (eine eklig schmeckende Blumen-/Kräuterkreation meiner mittlerweile nicht mehr so »gemeinen« Schwestern) und, und, und.

Eine logische Schlussfolgerung war, dass ich mich noch am selben Tag von ihm verabschieden wollte, bevor sein Leib zu Asche wurde. Verstehen Sie mich nicht falsch, aber dieses Aufeinandertreffen mit dem toten Körper war den Umständen entsprechend schön, weil er in einer mit Blumen geschmückten Kapelle friedlich in einem Sarg lag. An einem Ort, der umgeben war von Bergen, Wäldern und glasklarer Luft. Ein Naturparadies, das er in jeder freien Sekunde aufgesucht hatte – zu Fuß, mit dem Rad, den Skiern oder eben mit dem Paragleitschirm.

Weil Andreas zu einem erwähnenswerten Menschen geworden ist, mit heilerischen, liebenden, künstlerischen und erheiternden Qualitäten, die im Menschenmeer zur Rarität geworden sind, war es mir ein Anliegen, ihm beim Begräbnis diesen Brief vorzulesen:

Lieber Andreas,

Du wirst eine große Lücke hinterlassen, auch wenn bzw. weil Du uns so einprägsame Erinnerungen der Liebe, Heiterkeit und Deinen kleinen »Engel« Olivia, den Du nun mit Anna (seine Schwester Anna ist mit drei Jahren verstorben) schützend begleiten wirst, hinterlässt.

Du bist mit Deinem besonnenen Gemüt eine inspirierende Persönlichkeit für viele gewesen. Du warst eine weise Seele, die den Sinn des Lebens, nämlich ZU LEBEN, verstanden hat. Auch wenn diese Weisheit nicht immer auf den ersten Blick erkennbar war, so war sie bei genauerer Betrachtung spürbar ersichtlich. Das Skitourengehen, Wandern und Suchen nach dem puren Freiheitsgefühl verbinden uns auch heute noch und werden dies auch stets tun, ob Du nun »dort oben« hockst und wir, Deine Dich liebenden Freunde und Familienangehörigen, hier herunten auf dem Planeten Erde leben. Sei innig umarmt und wieder in die Freiheit entlassen,

Dein Cousin und Blutsbruder Ernst

PS: Dein Bruder Matthias und ich werden das jährliche Ritual in der Weihnachtszeit, einen Gipfel aufzusuchen, jetzt erst recht fortführen – natürlich mit Dir, mein Lieber!

Andi war ein Umtriebiger, ein Geher, ein Macher. Wenn er sich etwas in den Kopf gesetzt hat, dann hat er es auch realisiert. Er hat nichts ausgelassen, hat seine innere To-do-Liste abgearbeitet. Und er hat mich in meiner Pilger-Vorbereitungszeit an die Wichtigkeit und Bedeutung des Lebens erinnert.

Für mich war der Tod stets ein wichtiges Thema, vor allem in der Meditation. Auch das bewusste Aufsuchen von Grotten war ein Versuch, mir des Lebens bewusster zu werden. Kurz vor meiner Pilgerreise so nah dem Tod bzw. dem toten Andreas in die Augen zu schauen, war ein prägendes Erlebnis.

Ich will mir auf dem Sterbebett einmal nicht vorwerfen müssen, dieses und jenes nicht getan zu haben – dass ich einer Person, die ich liebe, nicht gesagt habe, dass ich sie liebe. Dass ich meinen eigenen Weg nicht ging, weil ich es meinen Eltern recht machen wollte. Dass ich nicht kündigte, obwohl mich die Arbeit todunglücklich machte.

Aus diesem Grund habe ich unter anderem folgende Punkte auf meine »Wunschliste« geschrieben, um sie nie aus dem Fokus zu verlieren:

- Ein Buch publizieren (check)
- Auf der Bühne stehen (check)
- Filme produzieren (zumindest assistiert)

- Täglich Gutes tun (tägliches To-do)
- Lebenszeit sinnvoll nützen (never ending story)
- Bewusst und enkeltauglich mit der Umwelt leben (everyday process)
- Wohnung in Wien, kleine Holzhütte im Salzkammergut (wäre schon ziemlich leiwand)
- Reisen (einmal Neuseeland, Südafrika, Indien, Patagonien bitte!)
- Gesangsunterricht nehmen (check)
- Vater werden (adoptiertes oder »leibeigenes« Kind)
- Bienenhütte mit Bett, um mit den Düften des Wachses einzuschlafen (hoffentlich fliegt mir keine Biene ins Goscherl)
- Viele inspirierende Persönlichkeiten treffen (bekannte und unbekannte Menschen des öffentlichen Lebens gezielt aufsuchen, um von ihnen zu lernen)

Das Glück ist, dass ich diesen »Defekt« habe, relativ rasch vom Wünschen ins Tatensetzen überzugehen. Johann Wolferl von Goethe hat einmal gesagt: »Erfolg hat drei Buchstaben: T-U-N.« Auch Augustinus von Hippo inspiriert mich: »Liebe und tu, was du willst.«

Diese Zitate nehme ich mir immer dann besonders zu Herzen, wenn ich zweifle, wenn ich mich nicht traue, über meinen Schatten zu springen, um das zu tun, was mir neue Tore öffnet …

TAG 8
The Last Day

Ich stehe um 8 Uhr morgens auf. Frühstücke mit der Family von Stéphane eine Kleinigkeit und breche mit eisernem Willen auf. Ähnlich wie vor Santiago kontaktiere ich wieder meine Liebsten. Immer wieder fließen Tränen der Dankbarkeit für die Unterstützung, die ich erfahren habe.

Die Herzlichkeit der Menschen entlang des Wegs von Marrakesch in den Anima Garten ist ansteckend – ich laufe bei Tischlern, Töpfern, Gärtnern, Fliesenlegern und Schmieden vorbei, werde begrüßt mit einem Griff aufs Herz, einem herzlichen Lächeln und einem »Bonjour!«.

Eine Einheimische, die mich bereits vor Tagen auf der Autobahn und heute Morgen marschieren sah, bleibt mit ihrem Luxus-Range-Rover stehen und drückt mir eine Wasserflasche in die Hand. Ich lege meine rechte Hand auf mein Herz und bedanke mich innig. Woraufhin sie zu mir sagt, dass ich in meinem vorherigen Leben gewiss ein Marokkaner gewesen sein müsse. Der Grund für ihre Ansicht dürfte meine klassische Geste gewesen sein, die ich bereits vor meiner Reise gepflegt habe. Vermutlich hat sie mich auch einmal bei Rot über den Zebrastreifen laufen sehen. Beides tun echte Marokkaner eben gern.

Eigentlich bin ich mit der Erwartung gestartet, dass ich André Heller antreffe, weil einer Touristin vom Personal bestätigt wurde, dass er am Wochenende wieder in seinem Garten sein würde. ABER er war eben nicht da. Obendrein habe ich mit »Anima«-Manager Gregor Weiss via Facebook immer wieder Kontakt gehabt. Sein Schreibstil war kryptisch, weshalb ich dachte, dass vielleicht eine Überraschung ansteht. Es gab auch eine Überraschung, nämlich dass André Heller nicht da war.

Aber gut, mein Projekt ist immer so gut gelaufen, da darf dies schon mal »schieflaufen«.

Ich gehe Richtung Anima Garten. Tief berührt und hocherfreut, dass die Pilgerreise ein Ende findet. Es wird Zeit, so mein Körper, anzukommen und vorläufig ein paar Tage Ruhe zu geben. Ich betrete den Boden des Anima Gartens und suche einen ruhigen Platz auf, der mir die Möglichkeit gibt, den Moment zu genießen. Eine kleine Bank, umgeben von Statuen und gut beschattet von Palmenbäumen, fördert den Genuss des Seins. Anschließend gehe ich Richtung Café, bestelle eine kleine Pizza und Grüntee.

Wie Sie immer wieder lesen konnten: Marokkaner sind herzlich! Aber André Hellers Mitarbeiter sind noch herzlicher. Warum? Weil sie mir sogar anbieten, mich in die Stadt mitzunehmen. Und man merkt, dass sie ihren Job mit Freude machen, den Garten mit ihrem Spirit beleben und meditativ ihren Tätigkeiten nachgehen. Das erfreut alle Beteiligten – inklusive die Gäste.

Angekommen im Garten Eden von André Heller, dem Anima Garten.

Bergwelten-Artikel:
Zu Fuß von Wien nach Marokko:
Träume gilt es zu leben

Ernst Merkinger hat es geschafft! Nach rund 3000 Kilometern zu Fuß, unzähligen Abenteuern und Begegnungen ist er an seinem selbst gewählten Ziel – Marrakesch – angekommen. Uns schildert er, wie sich das anfühlt.

Ich sitze auf dem Bett eines luxuriösen marokkanischen Riads, tippe in die Tasten und blicke innerlich auf eine Zeit zurück, die einem Sommernachts(alb)traum ähnelt. Insbesondere erinnere ich mich an die Herbergen mit Schimmel an den Wänden oder an die Geruchs- und Schnarchspektakel der Pilger zurück. Ich bin dankbar, dass ich heute ein Doppelbett mit Dusche für mich ALLEIN habe, mich ausbreiten und in aller Ruhe das tun kann, was ich am liebsten tue – schreiben.

Die Seele kann wieder atmen

Die Zeit ist nicht wie im Flug und gleichzeitig wie im Flug vergangen – ich habe das Zeitgefühl komplett verloren, weil ich der Zeit keine herausragende Bedeutung bei meinem Vorhaben gegeben habe. Für mich war der Tag dann zu Ende, wenn die Sonne untergegangen ist, und der Tag begann dann, wenn die Sonne aufging. Aus dem Takt wurde ein Rhythmus und somit aus der Maschine ein Mensch. Das Meditieren mit den Füßen in der Stille der Natur stellt einen vor die große Herausforderung, seine Gedanken zu beobachten, mit ihnen tanzen zu lernen und somit Klarheit einkehren zu lassen. Die Seele kann wieder frei atmen, was in der Komplexitätsmaschine Großstadt beziehungsweise im alltäglichen Wirrwarr eine stete Herausforderung darstellt. Das einfache Pilgerleben ist gewiss einfacher, weil wir wieder erkennen, was wirklich wesentlich für einen ist. Und durch dieses Wesentliche erkennen wir wieder unser Wesen, das uns auszeichnet.

Wir müssen allerdings auch die Stifte in die Hand nehmen und zu malen beginnen, um ein reiches Leben zu erleben. Und ich hatte schon immer diesen anormalen »Defekt«, nämlich dass ich das tat, was mir entsprach. Dass diese Eigenart zu einem Pilgerprojekt werden und solche Dimensionen annehmen würde, verblüfft mich und lässt Demut in mir einkehren.

Diese Reise verwurzelt und beflügelt mich zugleich. Das schreibe ich nicht nur so dahin, sondern verspüre es auch wirklich innigst. Da gibt es so viele Puzzle-Menschen, die mir nicht »nur« in finanzieller Form geholfen haben, sondern mir auch mit einer Liebe begegnet sind, wie ich es noch nie zuvor in dieser Qualität und über einen so langen Zeitraum erlebt hatte.

Wie anfangs erwähnt: hier anzukommen fühlt sich wie ein Traum an, doch meine Sinne sagen mir auch, dass dies tatsächlich mein neues Leben ist. Und dass ich mich als privilegierten Mitteleuropäer ansehen muss, weil ich dieses Abenteuer so erleben hab' dürfen.

Vielleicht könnt ihr erahnen, welche Gefühle in mir frei geworden sind, als ich nach über 3000 km den edlen Boden des Anima Gartens – André Hellers selbst gestaltetes Paradies in Marokko – betreten habe. Aber mal ganz ehrlich und unter uns: Ich wünsche mir für euch, dass ihr das nicht nur erahnt, sondern auch selbst einmal erlebt, weil das Leben so ein geniales Geschenk ist, dass man es nicht schwänzen sollte. Keine Idee ist zu verrückt. (...) Viel verrückter ist es, der eigenen Idee einen Laufpass zu geben und somit ein Abenteuer auszulassen.

Danke für die freundliche Abdruckgenehmigung!

Es ist ist Zeit geworden, eine Pause einzulegen. Eine Pause im Hotel La Pause.

Blog-Beitrag: Luxus in der Wüste und ein Streitgespräch

Vierzig Minuten abgelegen von Marrakesch befindet sich »La Pause«. Eine Oase der Erholung, die sehr häufig für Flitterwochen oder gar Trauungen gebucht wird. Der gute Stéphane hat gemeint, dies sei genau das Richtige für mich. Daraufhin hat er seine Kontakte spielen lassen und mich mit seinen Kids an diesen magischen Ort gebracht.

Ich liebe die Stille der Natur, wo ich in aller Ruhe meinen Gedanken lauschen kann und der Seele den Raum gebe, um sich manchmal in ernstem, manchmal in humorvollem Ton auszudrücken.

In dieser Oase gibt es viele Oasen, die in mir Gedanken herauskitzeln, wo ich selbst dann immer wieder überrascht bin, woher denn dieser »Schwachsinn und Wundersinn« kommt?!

Ich würde mir an diesem Abend von Herzen wünschen, die Eindrücke mit meinen Liebsten teilen zu können, nicht weil ich einsam bin, sondern weil es so wundervoll ist – genug voll, um dieses Wunder zu teilen.

Der Spaß kostet übrigens normalerweise 170 Euro/Person/Nacht, ergo wäre dies definitiv nicht im Budget eines Pilgers meines Formates gewesen. Für die Kosten ist das »La Pause« selbst aufgekommen, weil eben Stéphane und der Besitzer, Mustafa, ziemlich beste Freunde sind.

Am Abend bin ich vom Völlern müde wie schon lange nicht mehr. Dies mag wohl auch daran liegen, dass meine Darmperistaltik bzw. mein Körper allgemein ein wenig verwirrt sind, warum der Kerl auf einmal statt 86.000 Schritte nur 8600 geht.

Heute hatten übrigens mein Körper und mein Ego einen Konflikt. Wie, einen Konflikt? Na ja, das Ego hat hoch über dem Körper ein Buch im Regal wahrgenommen mit dem Titel »Jerusalem – the Guide Book«. Der Körper wollte dies dem Geist nicht durchgehen lassen und filtern, aber es war zu spät ...

Dieses Buch (rechts) hat mein Ego inspiriert, Pläne für die Zukunft zu schmieden – nicht zwingend zur Freude meines Körpers.

Ego: »Heast Körper, wie warats, wenn ma gach den Weg nach Jerusalem mochn? Des warat doch a geile Gschicht? Vom Wiener Kutschkermarkt nach Marrkesch in Heller sein Gortn und von dortn nach Tel Aviv?! Wos hoitst davo?«

Körper: »Waßt wos?!«

Ego: »Wia, ob i wos waß?«

Körper: »Guat, des is eh nix Neichs, dass du nix waßt, aber i sag dir jetzt ans: I hob vier Monat' und a poar zerquetsche Tag glittn wie a Anser, über 30 Kilometer/Tag obagspült, und jetzt kummst ma du mit der Schnapsidee daher! I sog da ans ... Sei froh, dassd ka Körper bist, weil sunst würd i da jetzt ane in di Goschn haun!«

Ego: »Heast Oida, was is los mit dir? Owa vom Gas! Warum sogstn die gaunze Zeit nix? Und jetzt drahst auf amoi auf ...«

Körper: »I hob da des eh dauernd weitergleitet über die Nervenbauhnen, dassd a Ruah gebn soist.«

< PAUSE >

Ego: »Ok, loss uns Frieden schließn. I zoih da a Pediküre und dafiar gehma nächste Wochn ...

Körper: »Waunn?«

Ego: »In einem Monat ...?«

Körper: »Waunn?«

Ego: »Nächstes Jahr ... a neiche Pilgerreise!?«

Körper: »Ok!«

Ego: »Soll ich den Follower sogn, wie's weitergehn wird?«

Körper: »Na, fix ned!«

Ego: »Ok, dann samma uns jetzt zumindest amoi einig.«

Während sich die zwei nebenbei streiten, sitze ich um 4.25 Uhr in der Wüste, blicke in den Himmel, sehe unzählige Sternschnuppen und wünsche mir nur eines – tja, das würden Sie wohl nun gerne wissen, gell?! Geht Sie aber nichts an ... irgendwo gibt's auch Grenzen.

Eine Katze setzt sich in diesem Moment auf meinen Schoß, wärmt mich (ohne mich anzuludln), schnurrt, während ich sie streichle, und haut mir urplötzlich die Krallen rein, woraufhin ich sie, die deppate und undankbare Katz, unsanft hinunterhau. Wenn Viecha so »gschissn« sind, überlege ich ernsthaft, ob ich denn nicht zu wenig Katzenfleisch bzw. in Zukunft vielleicht sogar mehr von der Zumpft naschen sollte (*1, *2, *3).

*1 Info für alle TierliebhaberInnen: Ich bin verzweifelter Flexitarier und überzeugter Vegetarier auf dieser Reise.

*2 Bitte nehmen Sie mich nicht zu ernst!

*3 Bitte nehmen Sie mich aber auch nicht nicht ernst!?

Die Sternschnuppennacht in der Wüste

Sternschnuppen verzaubern die Nacht, die Palmzweige rascheln dank der Brise, die meine Haut sanft streichelt. Ich bin ein schlauer Fuchs und guck mir den Sternenhimmel in der Früh, genauer gesagt um drei Uhr an, weil es da keine quatschenden »Touris« gibt, die können die Stille nicht ertragen. Und in der Früh, da sägen sie in ihren Schlafgemächern, die gut genug gedämmt sind, damit »Prinzessin Ernst« sein Date mit den Sternen in wohlverdienter Ruhe genießen kann.

Doch plötzlich wird die Zweisamkeit durch Drucksignale des Körpers unterbrochen: »Heast, I muass aufs Häusel! Geh weida!« Und so ziehe ich mich auf die Toilette zurück, zum Glück, wie sich während meiner »Meditation des Loslassens« herausstellt, denn aus der Brise wird ein Sturm. Und dann lege ich mich in mein Prinzessin-auf-der-Erbse-Bett und schlafe ein paar wenige Stunden, bis die Sonne »aufsteht« und mich durch ihre Strahlen Gleiches tun lässt.

Die darauffolgenden Tage höre ich auf zu pilgern und bummle. Ich bummle durch Gärten, Museen, Märkte, in meinem Seelengarten, in fremden Seelengärten, Oasen, Fantasiewelten und in eine mehr als notwendige Pediküre.

Eine Fußpflege für Männer in Marrakesch zu finden, ist nicht so einfach. Doch wo ein Stéphane, da ein Weg! Stéphanes Angestellte kennt die Einheimischen sogar noch ein bisserl besser, und so macht sie sich mit mir auf die Suche, und wir werden fündig. Nach einigen Abweisungen haben wir Glück in einem Shoppingcenter. Meine Füße denken sich einfach nur: »Endlich, Oida!«

Und so schleift und schrubbt und meißelt mir eine herzliche Dame meine Füße wieder zurecht, damit ich erhobenen Hauptes den Wellnessbereich betreten und bei der nächsten Freundin (mit Fußfetisch) beruhigt meine Socken ausziehen kann, bevor die Spiele beginnen ... ich meine natürlich die Beachvolleyballspiele. Ich bin noch nicht verheiratet, deswegen kommen andere Spielchen nicht infrage.

Und klar doch, Oma, ich habe extra viel Trinkgeld gegeben für das Schleifen meiner ramponierten Käsefüße.

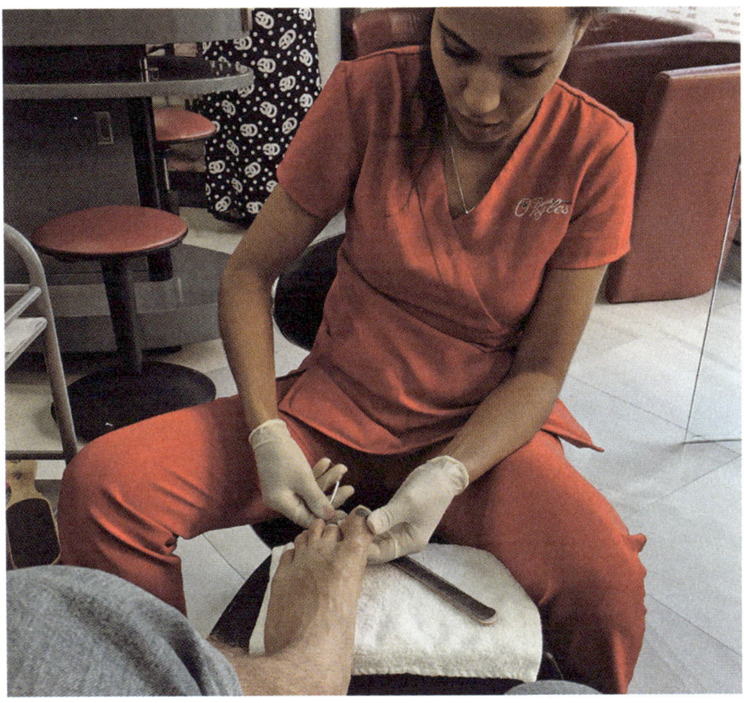

Versprochen ist versprochen, lieber Körper! Das hast du dir wirklich redlich verdient. PS: Ja, Oma, ich habe 10 Euro Trinkgeld gegeben!

»Das Leben ist eine Pilgerreise.«
Dieses Zitat stammt von einem buddhistischen Mönch, den ich in Puregg am Hochkönig im Haus der Stille getroffen habe. Er hat mich durch diverse Aufgaben inspiriert und fasziniert, wie beispielsweise bei einem Lauf quer durch die Wälder. Ich dachte, dass er mit mir einen Wettlauf gestalten möchte. Doch stattdessen erklärte er, mir zeigen zu wollen, dass jeder seinen eigenen Weg und sein eigenes Tempo im Leben herausfinden solle.

Nicht bei meiner ersten Pilgerreise und nicht nur auf dem Weg von Wien nach Marrakesch versuchte ich Pilger zu sein, sondern auch über Santiago und Marrakesch hinaus. Ich möchte tiefer in das Leben eintauchen und nicht als »Tourist« auf dem Planeten Erde mein Leben schwänzen ... Das bedeutet nicht zwingend, dass ich dadurch glücklicher werde, aber zumindest erfüllter.

Diesen GEHdanken trage ich schon länger mit mir mit, aber keine andere Reise hat mich darin so bestätigt wie diese. Diese Fülle an Geschichten hat mich reicher gemacht. Reicher an Erfahrung, reicher an Mitgefühl und Vertrauen.

Dank

Auf diesem Weg möchte ich mich bei allen involvierten Personen und darüber hinaus bei allen, die dieses Projekt in dieser wundersamen Dimension ermöglicht haben, ganz, ganz herzlich bedanken! Von ganzem Herzen! Ohne Euch wäre dies schlichtweg nicht möglich gewesen. Wer weiß, was ich heute stattdessen machen würde?!

Von den Herbergsmüttern bis zu den Herbergsvätern. Von den Pilgern bis zu jener 85-jährigen Frau, die mich auf der Reise überraschenderweise mit einem Frühstück beschenkt hat. Von der Familie Gobert bis zum Hotel Miramonte. Vom Leo bis zu den Wölfen! Von meinen Ex-Nachbarn bis zu meinen Siebenstern-Freunden. Von den Steppenwölfen bis zur Chefredakteurin des Bergwelten-Magazins. Von Tatonka bis hin zu Tirol Werbung. Von der Familie Ledermair, die in ihren Wurzeln Herzlichkeit und Großzügigkeit verankert hat, bis zu Astrid Wessely! Von der Family Wiesner-Hager, die mir meinen ersten Auftritt im ersten Bezirk Wiens ermöglich hat, bis zu meinen geschätzten Weistrachern.

Dann sind da auch noch meine Seelenverwandten: Gregor Sieböck, Madeleine Alizadeh, André Heller, Peter Hackmair, Martina Kapral, Jakob Königshofer, Katzi, Herman, Family Buchroithner, Stephan Zenz, Claus Schnetzer, Max Kronberger, Kurt Reindl, Sarah Hütti, Patricia Gitsch, Bruder Engelbert, Gregor Bloéb, Susi Weber, Maximilian Salzer, Hans-Peter Stauber (Ex-Chef), Perceval Leitner, Paul Ameli, Bruder David Steindl-Rast, Martin Weber, Rowin Höfer, Manuel Gruber, Martin Foszczynski (Bergwelten-Lektorat), Jaqueline, Rafaela, Sophie, Michi Buchinger, Thomas Brezina, Anna Laura Kummer und noch viele, viele mehr!

Aber man möge mir auch nicht meine Family vergessen: Mali-Oma, Merki-Oma, Merki-Opa, Mali-Opa, meine Schwestern, Tanten, Onkel, Cousins, Cousinen! Allen voran Klaudia Bachinger, meine Taufpatin Karin & Charly, die mir einen Schlafsack geliehen haben, und mein Großonkel Fred, der mir seelisch zur Seite gestanden ist, als ich in der Arbeitslosigkeit auch orientierungslos war. Bis hin zu seiner Frau, Sylvia, die nach meiner Rückkehr zu meiner zweiten Mum geworden ist. Und ihr Sohn David, er war der erste Crowdfunding-Supporter. Dann natürlich auch mein Patenkind Amalia und mein Neffe Moritz!

Und natürlich danke ich auch ganz herzlich der Verlegerfamilie Ennsthaler! Insbesondere Christoph (Geschäftsführer), Geraldine (Marketing), Katharina (Fotografin) und ihrem großartigen, verlässlichen und kompetenten Team! Sabine (Lektorat)! Thomas (Grafiker)! Ohne Euch wäre mein Traum – eines Tages ein Buch zu publizieren – nicht in dieser Form möglich geworden. Danke Euch auf diesem Wege!

Gott, Allah, Buddha – oder an wen auch immer sie alle glauben – möge sie schützen!
Auf ein Wiedersein,
Euer Ernst

PS: Falls ich jemanden vergessen haben sollte – dann mögen sie bitte nachsichtig sein! Ich bin hoit manchmal ein schlampiger Hund … Sabine (Ennsthaler-Lektorat) kann's bestätigen.

PPS: Mama! Papa! Kathi! Lena! Alex! Stefan! – Wie konnte ich auf Euch bloß vergessen? Ohne Euch wäre ich heute nicht hier und könnte diese Zeilen nicht schreiben: Ich liebe Euch!

Über den Autor

Foto: © Bringschuld

Ernst Merkinger, geboren am Silvestertag 1990, aufgewachsen in Weistrach im Mostviertel (Niederösterreich), lebt in Wien. Nachdem er das Stiftsgymnasium Seitenstetten und die Matura in Linz erfolgreich abgeschlossen hatte, brach er das Studium an der Universität Wien nach zwei Semestern ebenso »erfolgreich« ab – er besuchte Vorlesungen in Psychologie, Philosophie und Sportwissenschaften. Ausbildung zum medizinischen Masseur. Mitarbeit an verschiedenen Theaterprojekten, bei einem Fotografen und Privat-TV-Sender, ganz nach dem Motto des Augustinus von Hippo: »Liebe und tu, was du willst!«

Den Beweggrund für seine Pilgerreise von Wien nach Marrakesch offenbart er in seinem Buch, einer Mischung aus Autobiografie und Pilgertagebuch: »Mir geht's nicht um Kalorienverbrennen, Kilometerzählen, um Stempel oder die Auszeichnung in Santiago de Compostela. Mir geht's um die Geschichten und Abenteuer, die ich Tag für Tag, Stunde für Stunde erleben darf.«

Anhand dieses Buchs lässt sich auch erahnen, was »Meditieren mit den Füßen« bewirken kann und warum es sich lohnt, das Leben nicht zu schwänzen.

www.ernstjetzt.com

WEITERS ERSCHIENEN

Martin Weber geht es nicht darum, Krankheiten zu bekämpfen, sondern Gesundheit zu erhalten und zu aktivieren. Dazu gehört der ganze Mensch. Der ganze Mensch mit seinem Umfeld, seinen Beziehungen, seinen Gedanken und Gefühlen.

Webers Botschaft ist für Menschen gedacht, die an wirklicher Heilung interessiert sind, nicht an Symptombekämpfung. Er zeigt auf, dass Medikamente niemals zu wirklicher Heilung führen. Und dass vor allem der Körper nach Verletzungen oder Operationen wie ein sensibles Musikinstrument neu gestimmt werden muss.

Martin Weber
Der Mensch im Gleichgewicht
Gesundheit neu gedacht mit Herz, Logik und Intuition
Hardcover, 208 Seiten, Format: 13,5 x 21 cm
ISBN 978-3-85068-833-8

Hörbuch (7 CDs): ISBN 978-3-85068-880-2
E-Book: ISBN 978-3-7095-0071-2

ENNSTHALER VERLAG STEYR